泛盒纸马送炊君
床下点灯照虚耗

容存整取办年货
家贫也能过好年

宋朝年夜饭
必备三大件

春盘

煎饼

小孩除夕忙守岁
大人初一忙拜年
各司其职

千门万户曈曈日
总把新桃换旧符

每长大一岁
压岁钱就多得一个

漫卷诗书女赌欢狂
宋朝人过年真会玩

上元灯会顶花灯

在宋朝过的那些年

李开周 著

北京联合出版公司
Beijing United Publishing Co.,Ltd.

图书在版编目（ＣＩＰ）数据

在宋朝过的那些年 / 李开周著 . -- 北京 : 北京联合出版公司 , 2016.1
（开周说宋）

ISBN 978-7-5502-6984-2

Ⅰ . ①在… Ⅱ . ①李… Ⅲ . ①中国历史 - 宋代 - 通俗读物 Ⅳ .
① K244.09

中国版本图书馆 CIP 数据核字 (2015) 第 320765 号

在宋朝过的那些年

著　者：李开周

责任编辑：丰雪飞

北京联合出版公司出版

（北京市西城区德外大街 83 号楼 9 层 100088）

北京山华苑印刷有限责任公司印刷　新华书店经销

字数 130 千字　880mm×1230mm　1/32　7 印张

2016 年 1 月第 1 版　2016 年 1 月第 1 次印刷

ISBN 978-7-5502-6984-2

定价：29.80 元

目录

开场白：假如我们去宋朝过年

当您翻开这本书的时候，一年一度的旧历新年可能即将到来，也可能已经结束，当然还可能刚刚开始。不管您是在什么时候拿起这本书的吧，只要您尚有闲暇，都希望您有兴趣将它读下去。

这本书很薄，也很小，它的内容非常单纯，无非就是谈谈新年，但它所要呈现的并非现在的新年，而是宋朝的新年。

宋朝是一个很有魅力的朝代，这个朝代商业发达，文化繁荣，皇帝有人味儿，大臣有风骨，市井小民的小日子相比其他任何朝代而言都要舒服得多。在相对宽松的政治制度下，在相对自由的文化环境下，这个朝代自然而然发展出璀璨夺目的经济成果，自然而然衍生出多姿多彩的生活方式。从很多方面看上去，这个朝代都非常前卫，非常现代，以至于我们可以将宋朝称之为"前现代社会"。

这个"前现代社会"距离我们已有七八百年时光，看似遥远，实际上却跟今天息息相关——我们中华民族的国民性格、文化特征、生活方式、风土人情，几乎都能从宋朝找到源头，这其中自然也包括传承至今的新年习俗。

现在我们将旧历的正月初一叫作"新年"，这一称呼正是源于宋朝。如宋人笔记《梦粱录》所载："正月朔日，谓之元旦，俗呼为新年。"

现在我们将新年之前的祭灶日叫作"小年"，这一习惯也是源于宋朝。如另一部宋人笔记《新编醉翁谈录》所载："腊月祭灶，俗谓之小年。"

现在南方人祭祀灶君，麦芽糖与糖豆粥是必不可少的两道供品。宋朝祭灶同样有类似习俗，如宋人笔记《武林旧事》记载："祀灶用花饧米饵，及烧替代，作糖豆粥。"何谓"花饧"？麦芽糖制作的花式糖果是也。何谓"烧替代"？焚烧金银纸制作的假元宝是也。时至今日，我们祭灶时仍然用麦芽糖来加工各式点心，仍然用金银纸来叠烧各式元宝。

除夕祭祖，福建人的供桌上要摆春饭、叠柑塔，而宋朝人的供桌上则要"摆春盘"以及"斗钉柑橘"。"摆春盘"是将不截断的新鲜蔬菜（类似今日台湾人用新鲜芥菜做成的"长年菜"）摆放到盘子里，然后将顶粘纸花的线香插在上面。"斗钉柑橘"则是把供桌上的柑橘垒成一座缩微版的金字塔。熟悉闽南年俗的读者应该知道，这两种习俗都跟今天非常接近。

　　在今日闽南，遵守旧俗的老年人过年时会给小孩挂一长串用铜钱或者硬币串成的压岁钱，这串压岁钱的数目通常是一百二十枚，俗称"吃百二"，意思是希望小孩健健康康，长命百岁，将来活到一百二十岁。我们只要往前追溯，就会发现这正是宋朝宫廷的规矩：每到新年将至，宋朝的后妃们要备办"随年金钱一百二十文"，送给皇子皇女。

　　除此之外，诸如除夕守岁、新正烧香、更换春联、燃放鞭炮、邻里馈赠、亲友聚宴、新妻归宁、元宵放灯……如此这般诸多年俗，都能跟宋朝遥相呼应，以至于当我们穿越到宋朝去过年的时候，会感觉非常熟悉，非常亲切，很容易就能适应下来，跟宋朝人一起度过一个既热闹又舒心的新年。

但是请大家注意，我并没有说宋朝年俗跟今天完全一致（如果是那样的话，这本小书也没有存在的必要了），事实上，当时还有许多跟现在不一样同时又相当关键的特殊规矩。

举例言之，咱们现代人并不重视冬至，无非拿它当一个普普通通的节气来看待。可是在宋朝，冬至却是一个重大节日，一个为新年做准备的重大节日，当时过冬至的热闹程度甚至不亚于过年。至于冬至在宋朝为什么会备受重视，以及宋朝人究竟如何庆祝冬至，本书第二章《冬至》会有详细介绍。

再比方说，现在大多数朋友都认为腊月二十三是小年，习惯于在腊月二十三那天祭祀灶君。可是在宋朝，腊月二十四才是小年，宋朝人祭灶的时间比我们要晚一天，他们祭灶的方式也很有特色，某些宋朝老百姓甚至认为灶王爷是位女士。读者诸君如果想一探究竟，敬请阅读本书第三章《祭灶》。

年关将近，置办年货是头等大事，现在商业发达，购物便利，我们可以去超市扫货，可以在网上购物，足不出户即可下单。宋朝商业当然没有今天发达，网上购物等于天方夜谭，可是宋朝商家却开创性地发明了分期付款订年货这样一种颇具现代风格的销售方式，而且宋朝小贩在新年前后还提供一种兼具购物、抽彩和娱乐功能的"关扑"购物。到底他们如何分期付款？关扑又是怎样一种购物方式？本书第四章《买年货》会一一解答。

现代人生活节奏越来越快，与此同时，年味儿也越来越淡，不是所有人都会在年终守岁了。宋朝人则不然，他们每年除夕必定守岁。最奇怪的是，当时守岁完全是小孩子的活动，大人并不参加。换句话说，小儿女要大睁双眼熬到大年初一，而他们的父母却像懒鬼似的躲在旁边呼呼大睡……宋朝为什么会有这样一项奇特习俗呢？请您阅读本书第五章《除夕守岁》。

除夕当天，甚至早在腊月二十七或者二十八，我们就会早早地在自家门上贴春联、换门神，喜气洋洋。宋朝人却要等到大年初一那天凌晨才贴上门神，而且当时的门神也跟今天有诸多不同。为了让现代读者进一步了解大宋年俗，本书第六章《贴年画》专门介绍宋朝的春联、门神、桃符和桃板。

总而言之，宋朝新年既有很多跟今天相同的习俗，又有很多跟今天不同的特色，假如我们回到宋朝，既会感到熟悉与亲切，又会感到新奇和困惑。但是当您读完这本小书之后，一切困惑就都迎刃而解了。

当然，凭借现有的技术条件，我们不可能回到宋朝，更不可能跟宋朝人一起过新年。我们之所以要探讨宋朝年俗，一是比较好玩，二是可以让我们获得一些谈资，三是相当于一场饶有兴味的文化寻根。或许我们已经没精力守岁，已经没工夫祭祖，甚至连跟亲人吃一顿年夜饭的机会都不容易获得，但是我们总可以抽空瞄一眼历史，隔着纸面跟古人交谈几句，了解一下我们祖先的生活习惯，这有助于让我们明白自己从哪儿来，我们的根性从哪儿来，从而让淡薄的新年变得醇厚一些，让疲惫的精神变得欢乐一些。您觉得呢？

最后祝您阅读愉快。

第一章

放假

年年过年，年年放假。以前过年放七天假，初一放假，初八上班；现在还是七天假期，不过在放假时间和上班时间上均提前一天：除夕放假，初七上班。这样一改，在外地工作的上班族才有可能及时返家，赶在除夕跟家人吃一顿团圆饭，比大年初一才放假合理多了。

　　宋朝人是怎样放假的呢？

宋朝新年有几天假期

令人称奇的是，在很长一段时间内，宋朝的新年假期竟然跟今天一样，也是放假七天。

据《宋史·职官志》记载，自宋太宗即位以后，到宋真宗退位以前，历年元日（春节）均给七天长假。除此之外，每逢冬至与寒食，同样也是七天假期。至于中秋、重阳、端午、七夕等节日，最多只有三天假期，甚至缩减为一天假期。也就是说，宋朝每年长达七天的假日只有三个，即元日、冬至与寒食。

现在的老百姓喜欢将七天长假与五天假期称为"大黄金周"，将三天假期称为"小黄金周"。照此说法，宋朝人每年通常能享受到三个"大黄金周"，也就是"元日黄金周""冬至黄金周"和"寒食黄金周"。

但七天长假并没能一直持续下去，正如现代政府对传统节假日的安排会有所变动一样，大宋朝廷也曾经调整新年假期。宋人庞元英在其著作《文昌杂录》中写道：

包拯为三司使，上言：每节假七日，废事颇多。请令后，只给假五日，自此始也。

包拯是中国历史上有名的清官，宋仁宗在位时，他当过三司使，相当于财政部长，主管全国的财政收支与盐铁专卖，工作繁忙，总感觉时间不够用，恨不得一年三百六十五天变成一年五百天，别人欢迎放假，他这样的大忙人却不欢迎，所以他上书仁宗皇帝，将七天长假掐头去尾，缩短为五天假期。

并不是每个人都像包拯那样勤于公事。七天假期改为五天以后，绝大多数官员都非常不满，一到过年的时候，他们不是提前请假，就是借故拖延上班时间，总要想方设法将假期延长几天。所以到了宋哲宗即位以后，新年假期又从五天恢复到了七天。

总的来说，在北宋一朝，除了宋太祖时期国家初创、制度未定以外，宋仁宗与宋神宗时期的新年假期都是五天，而宋太宗、宋真宗、宋英宗、宋哲宗与宋徽宗等时期都是放假七天。

北宋灭亡后，南宋建立，金国军队先是肆虐中原，继而渡江南下，撵得南宋小朝廷东奔西窜，最初十几年连一个固定的首都都没有。宋高宗最初在河南商丘登上皇位，很快就在金兵追赶之下逃到山东泗水，又逃到江苏扬州。在扬州还没站稳脚步，正准备修建宫殿，又赶上官军哗变，只好重回山东。不久金兵来攻，高宗又先后逃到镇江、常州、南京、宁波、台州、温州、绍兴……最后才在杭州长期驻扎，这时候离他即位已有六年了。但就是在杭州也无法安身，此后六七年内，宋高宗常常被迫移驾南京，直到绍兴十一年（1141 年）宋金议和，杭州才成为南宋事实上的首都（名义上称为"行在"，意思是御驾暂时驻扎之地，仍非首都）。在这种情况下，南宋朝廷完全没有闲暇过年，不可能颁布一道新年放假的政令。宋金议和以后的第二年（1142 年），战火基本熄灭，天下基本太平，南宋朝廷总算喘了口气，宋高宗宣布大赦天下，这一年春节放假五天。自此以后直到南宋灭亡，每年春节假期基本上都是五天。

所以说，如果我们能回宋朝过年的话，一定要选择北宋，而不要选择南宋，因为南宋的假期太短。

皇帝过年还要上朝

对官员们来讲，放假并不代表可以回家睡大觉，为了保证国家机器得以正常运转，放假期间必须安排人来值班。宋朝官场术语中有一个词叫"休务"，这个词常常跟放假并列，例如朝廷宣布放假之时，一定会注明是否休务。

什么是休务？就是不值班。什么是不休务？就是值班。宋太宗雍熙二年（985年），朝廷宣布"元日给假七日，休务一日"，意思就是新年放七天假，其中大年初一那天不用值班，其余六天则要轮值。宋太宗雍熙三年（986年），由于北方正在打仗，故此"不休务"，过年归过年，工作要照常进行，各大机关必须天天安排专人值班。

以上说的是官员，皇帝在过年时同样也要值班。

官员的工作是上班，皇帝的工作是上朝。宋朝皇帝并非每天都上朝（事实上任何朝代的皇帝都不需要天天上朝），但是每天都要早起，只要没有重感冒，每天早晨六点钟以前必须起床。

起这么早干什么呢？接受大臣的"常起居"。"起居"在宋朝的意思是请安问好，"常起居"就是每天例行的请安问好。每天一大早，宰相（宋朝不设宰相，但有"同中书门下平章事"这种相当于宰相的官职）带头，领着副相（参知政事）、国防部长（枢密使）、国防部副部长（枢密副使）、监察院院长（御史中丞）等高级官员进宫，迈着四方步走到皇帝居住的寝宫外面磕头问安，山呼万岁，然后跟皇帝聊几句天，就可以回家睡觉或者回部办公了。

一般而言，常起居是不谈国家大事的，纯属请安闲聊。皇帝真正上朝的周期是五天一次，一般在每月的初五、十五和二十五的早上举行，这叫"常朝"，意思是按照常例举行的朝会。举行常朝的时候，并非文武百官全都要参加，只有五品以上并且身在京城的大官才有资格，所以其余官员就没必要起那么早了。这样一来，越是高官越辛苦，除了每五天参加一次早朝，另外每天还要起个大早去向皇帝请安问好，白天又要处理军国重事，想睡个懒觉都不行。

高官辛苦，皇帝同样辛苦。大臣每天早起请安，皇帝自然不能躺在床上答应，也要早早地爬起来洗脸刷牙穿衣打扮，否则显得不尊重大臣（宋朝皇帝对大臣尤其是文臣非常尊重）。每五天搞一次朝会，皇帝是主角，自然更要早起。即使到了过年的时候，皇帝也没有机会赖床不起，因为每年正月初一都要举行一次规模庞大的朝会，时称"元日大朝会"。

按照《梦粱录》的记载，正月初一那天凌晨，大约四点钟还不到，离天亮还有三个多小时的时候，皇帝已经穿上绛纱袍，戴上通天冠，在宫殿里焚香祷告祭拜上天了。半个小时后，宫门缓缓打开，宰相率领百官迈步进宫，各国派往大宋贺年的使臣也都来了，他们在赞礼官的引导下向皇帝拜年。

拜过年刚刚天亮，皇帝是不是可以散朝回去补一个美容觉呢？不可以，他还要向百官赐宴，向各国使臣赐宴，并率领大家一起观赏歌舞与杂剧，直到接近中午的时候，元日大朝会才能宣告散场。

地方长官不放假

宋哲宗元祐二年（1087 年）除夕，苏东坡的弟弟苏辙写了一首诗，描写自己如何过年：

七度江南自作年，去年初喜奉椒盘。

冬来误入文昌省，连日斋居未许还。

在这首诗里，"椒盘"指的可不是一盘辣椒，因为宋朝还没有辣椒（辣椒直到明朝才进入中国，直到清朝初年才走上中国人的餐桌）。这里的"椒"，指的是花椒。中国古人迷恋花椒，将其视为特殊的香料，用其指代一切美好芳香的事物，例如用"椒房"指代香闺，用"椒乳"指代香乳等等。"椒盘"呢？指的是春盘。春盘类似现在台湾人新年祭祖时必备的春饭，只不过春饭通常用碗盛放，而春盘则是用盘子盛放，并在盘子里的菜肴上竖插装饰品，例如一朵纸花、一面小旗、一段柏枝、一支线香之类，将菜肴打扮得既热闹又肃穆，既喜庆又庄重，用来敬神。

苏辙这首诗的意思是说，他以前做地方官，没机会回京过年（苏辙的父亲苏洵生前曾经在开封宜秋门内买房安家，该处房产后来成为苏辙与苏东坡兄弟在京师的共同住所），去年好不容易调回京城，终于有机会跟家人一起敬神祭祖、围炉聚宴，今年却又不行了，因为今年春节他不休务，轮到他值班，皇帝不放他回家过年。

这首诗第一句"七度江南自作年"，意思是在江南做了七年地方官，都是自己过年，不能与亲人团聚。为什么不能与亲人团聚呢？因为朝廷不允许。

按照宋朝制度，地方长官除非任期已到、父母亡故或奉有特旨之外，一般不能离开任职所在地，每逢节假日也不准回乡探亲。例如县令、知州、知府、节度使、转运使、安抚使、提点刑狱公事、提举常平司、提举茶盐公事等官员，均为地方长官，每逢过年，其下属倒有可能回家过年，唯独他们身为长官，不能离职半步，敢有违犯，即遭罢免。

朝廷之所以定下如此严令，并非不通人情、不近情理，而是因为当时交通落后，假如允许地方长官回家过年的话，他们会在路上耗费大量时间，将重要工作统统耽误。

举例言之。宋英宗治平三年（1066 年），苏辙的父亲苏洵在开封去世，苏辙与苏东坡扶柩还乡，回眉山老家安葬。从河南开封到四川眉山，现在开车一天一夜就能抵达，可是宋朝一无汽车，二无公路，更无飞机，苏东坡兄弟二人沿着汴河南下，先进入淮河，再进入长江，再从长江逆流而上，历经千辛万苦，几经风涛覆船，一年之后才到眉山。宋朝地方官的任期一般为三年，假如一个开封人在眉山做官，每年春节都回开封过年的话，返乡需要一年，回任又要一年，仅仅为了吃一顿年夜饭，他就得耽误两年时间，就别指望他干工作了。

南宋诗人陆游著有一部《入蜀记》，大陆出版界将其作为游记名篇重新出版，其实它是陆游从绍兴老家去四川奉节赴任途中写成的日记。这部日记将古代交通之落后与长途旅行之艰险描述得淋漓尽致：

1170 年旧历五月十八，陆游从浙江绍兴出发，沿着长江逆流而上。他顺风挂帆，逆风拉纤，白天行船，夜晚靠岸，一有大风雨，赶紧去湾里躲着，等晴天再走。就这样走走停停，紧赶慢赶，直到这一年的旧历十月二十七，他才抵达目的地。总共三千里水程，他老人家走了半年。后来陆游在四川当了六年官，度过了六个新年，期间从未返回绍兴一次。

为啥？一是因为朝廷不允许离开岗位，二是因为路上太难走，太耗时间，即使朝廷允许，他也未必愿意回去。

前面举的两个例子可能有些极端，因为无论是从开封到眉山，还是从绍兴到奉节，都必须走水路，而且路程都很远。如果任职地离乡较近，是不是就有时间回家过年了呢？答案仍然是否定的。

遥想当年，王安石变法失败，被迫下野，去南京隐居，期间有人诬陷他谋反，他大惊失色，火速从南京赶往开封向皇帝分辩。这回他走的是陆路，骑的是快马，结果在路上仍然花了整整七天。本章前文说过，北宋新年假期一般为七天，设若王安石在南京上任，回开封过年，等他到家的时候，假期已经结束了，再想赶到任上都来不及。

读者诸君小时候都学过王安石的著名诗句《泊船瓜洲》：

京口瓜洲一水间，钟山只隔数重山。

春风又绿江南岸，明月何时照我还？

京口是今天的江苏镇江，瓜洲则位于江苏扬州。钟山是南京的紫金山，这座山的半山腰里有一座别墅，那是王安石的住宅。当时王安石做着大官，公务繁忙，好几年没有回家看看了，这次他路过扬州，在瓜洲停船，想起长江南岸就是镇江，从镇江再往西走一百里就是自己的钟山别墅，思乡之情越来越浓，于是才写下这首诗。

扬州离南京并不远，假如王安石从瓜洲古渡出发，开车驶过长江大桥，再顺着扬溧高速驶向南京，加上中途在服务区吃饭、休息和加油的时间，两个小时完全够了。可他为什么等到"春风又绿江南岸"还不能回家呢？自然还是因为古代交通太不便利的缘故。

宋朝皇帝还是很有人情味儿的，既然地方官不被允许回家过年，也完全来不及回家过年，那就特许他们带家属上任，与老婆孩子一起在任职所在地过年。

陆游去四川上任的时候，船上除了他自己，还有他的妻子王氏、大儿子陆子虡、二儿子陆子龙、三儿子陆子修，四儿子陆子坦、五儿子陆子约（陆游共有七个儿子，彼时六儿子和七儿子尚未出生），另外他还有三个女儿、三个丫鬟、四个仆人，也一同随他上任。

苏东坡年轻时曾在陕西为官，职位是"签书凤翔府判官厅公事"，相当于陕西省宝鸡市的副市长。副市长不是行政长官，本来可以返乡过年，但由于路程太远，苏东坡同样没有回去过。宋仁宗嘉祐八年（1063 年）春节，苏洵和苏辙在河南过年，苏东坡在陕西过年，父子三人无法团聚，只好写诗唱和，以表思念。为了减轻思念之情，苏东坡上任时也带了家属，包括他的妻子王弗（苏东坡一生娶妻两次，王弗为发妻，二十七岁病逝，东坡又迎娶其妹王闰之）、长子苏迈、乳母任采莲……

事实上，苏辙做地方官时同样携有家小，每年春节都能与其妻子史氏、乳母杨氏、儿子苏迟、女儿宛娘等人团聚。但是宋朝士大夫宗亲思想浓厚，他们眼里的家庭除了妻儿，还包括父祖兄弟甚至同族兄弟，苏辙"七度江南自作年"，连续七年不能与父兄团圆，心情当然郁闷，当然要写诗抒发不满了。

扩展阅读：陆游九死一生去上任

1169年，宋孝宗重新启用陆游，让他去四川夔州做通判。夔州就是今天的奉节。

陆游接到调令并没有马上动身，他准备了好长时间，直到第二年才从绍兴老家携家带口去奉节赴任。这时是乾道六年，也就是1170年，陆游四十五岁，已经生下五个儿子和三个女儿。

三个女儿，五个儿子，再加上陆游两口子，另外还有三个丫鬟和四个仆人，一家老小十七口，浩浩荡荡地前往四川。做个官而已，陆游为什么要把全家人都带上呢？因为他上任的地方离家乡太远，按照当时的交通条件，来回跑一趟需要大半年时间，如果年年回家探亲，他会耽误工作，只有带全家上任才能解除后顾之忧。

　　刚开始他们坐的是小船，从绍兴去杭州，再从杭州前往南京。一到南京，就可以沿着长江逆流而上了，于是在南京采石矶换乘大船。

　　这艘大船是帆船，船身有十丈来长，两丈来高，桅杆高达五丈六尺，斜挂着二十六幅风帆。船上乘客六十多人，除了陆游一家，还有几十个去湖北做生意的商人。

　　长江水向东流，这艘船往西去，这叫"溯江而上"。碰上刮东风的天气，船主人把风帆张开，在风力的推动下，船身自然会往西走。如果碰上东南风和东北风，船主人就调整风帆的角度，同时让七八个船工一起摇橹，他站在船尾控制航向，一样能让大船平稳西去。最怕的是遇上西风，这时候必须落帆靠岸，找一个无风的港湾停下来，抛下铁锚，等风住了再走。

　　陆游一家是农历五月份上船的，东风居多，一帆风顺，走得很安稳。一到湖北，风没了，全靠船工摇橹，走得非常慢。经过黄州赤壁，江水变窄，水流很急，无论船工多么努力，都挡不住船往下溜。船主人赶紧指挥靠岸，还没到岸边呢，一艘从上游下来的小船嗖地一下到了近前，来势太急，避让不及，嘭地一声巨响，陆游和其他乘客在船舱里倒了一地，然后听见船工大喊救人，原来站在船尾掌舵的一个水手被震得飞了起来，扑通一声掉进了水里。陆游抓住一根缆绳，飞奔到船尾去救他，已经来不及了，江水急速地打着漩涡，一眨眼就把那个水手拖到了江心，惨叫声还在水面上飘荡，人却被无声无息地卷没了。船主人把铁锚扔到岸边一个大石头上，呼喊乘客紧急上岸，陆游才发现船头破了个大洞，江水汩汩地往舱里灌。

众船工合力把受损的大船拉到滩上，陆游和家人在岸上的客栈里住了两天，那艘大船才修好。船主人很迷信，买来十头猪，全部杀了祭奠江神，顺便也祭奠那个不幸落水的水手。祭奠完毕，继续下水前行，这回走得非常谨慎，摇橹的船工都上了岸，用拉纤的方法往前走，船主人则亲自站到船头击鼓，用隆隆的鼓声提醒顺流而下的船只紧急避让，防止惨剧再次发生。

七月十五抵达湖北沙市，这天是鬼节，船主人不走了。陆游担心不能在朝廷规定的期限内赶到夔州，给了船主一些小费，让他开船。船主人恭恭敬敬地说："鬼节下水等于去鬼门关，没有不出事的。"陆游从不信神信鬼，坚持开船，结果什么事儿都没有，顺顺利利到了秭归。

过秭归的时候已经是八月，离中秋很近了，陆游再次遇险：船过新滩时触了礁，船底烂了个大洞。幸好当时无风无浪，陆游夫妇扶儿抱女游到了岸上。假如一个大浪打过去，恐怕全家人就得毙命于长江里了。

　　后来陆游又换乘了一艘新船，过归州，过巴东，过巫山，过瞿塘，一路上继续经历着惊涛骇浪和险滩激流，终于在十月二十七日抵达夔州。

学生的寒假和年假

现在的学生每年都有寒暑假，春节假期一般包含在寒假之中，宋朝学生是怎样放假的呢？

我们先看乡村学生的假期。宋朝乡村私塾假期较多，每年假期多达三个月，其中包括一个月春假、一个月秋假、一个月寒假。春假与秋假是为了让学生归家帮父母务农，忙完春耕秋种再返校读书。寒假从农历腊月初八开始，到来年正月初八结束。除此之外，每逢春社、秋社、端午、中秋、重阳、冬至，学校也会放假，假期一般为一天。

城市学生假期较短，没有春假和秋假，只有寒假与暑假，寒假一个月，暑假一个月，加起来总共两个月假期。

宋朝最高级别的学校是太学，太学生的假期最少，竟然没有寒暑假，只是在寒食、冬至与新年各放假三天，加起来每年只有九天假期。不过太学生都是官宦子弟，常常打着"随侍父亲远赴外任"的旗号请假，一请就是好几个月，年终时再返校参加大考，只要考试合格，仍然有资格出来做官。

宋朝著名女词人李清照的丈夫赵明诚年轻时就是太学生，他在开封太学读书，最大的乐趣是请假出来去大相国寺门口的古玩店铺观赏字画、购买拓片，如果让他安安生生守在学校里，一年只有九天出来放风的机会，他肯定是不干的。

宋朝太学纪律虽严，假期虽少，学风却相当败坏。南宋词人周密是官宦之后，早年在杭州太学读过书，对太学生的糜烂生活印象深刻，他在《癸辛杂识》后集中写道：

太学学舍燕集，必点妓，乃是各斋集正自出帖子，用斋印，明书仰弟子某人到何处祗直本斋燕集。专有一等野猫儿卜庆等十余人，专充告报，欺骗钱物，以为卖弄生事之地。凡外欲命妓者，但与斋生一人相稔，便可借此出帖呼之。

太学生们在宿舍里聚餐，一定要让妓女陪酒，通常由该宿舍的舍长写一封帖子，帖子上写明请某某妓女到某某宿舍。这些太学生又自恃身价，不屑于亲自去妓院送帖，于是太学附近就有一帮地痞流氓专门帮他们跑腿。身为宋朝最高学府的学生，本应安心治学、修身养气，结果却堕落到呼妓命酒、结交流氓，真是士林之败类。

相比而言，倒是在私学读书的小学生更加朴实可爱。宋人金盈之《新编醉翁谈录》略略提到北宋私学的一些好玩习俗：每年春社之日，小学生放假，将一根大葱绑在竹竿上，从窗内捅到窗外，谓之"开聪（葱）明"；又用彩色丝线系一个蒜头挂在脖子上，谓之"能计算（系蒜）"。

劳工阶层如何放假

大家读到这里的时候，想必已经明白，宋朝的官定假期并不能让天下臣民"雨露均沾"：北宋朝廷规定新年放假七天或五天，南宋朝廷规定放假五天，可是地方长官由于不能离开岗位，实际等于没有假期；在私学读书的学生因为能放寒假，其新年假期又可以视为长达一个月；而太学生的假期却只有三天。由此可见，不同阶层的人所享有的假期也不同。

宋真宗曾经在大中祥符元年（1008年）颁布诏令："泸州南井煎盐灶户，自今遇元正、冬至、寒食三节，各给假三日。"泸州南井是四川的一个大型盐场，该盐场自从北宋初年以来就一直为中央财政贡献着源源不断的食盐专卖利润，而盐场工人却没有休假的权利。为了显示自己的仁慈，同时也为了防止工人罢工甚至暴乱，宋真宗才颁布了这样一道"恩旨"。

进入南宋，劳工阶层放假的范围略微有些扩大，例如宋宁宗这样规定："应役丁夫，元日、寒食、冬至、腊日，各给假三日。"凡是为国家工作的工人以及服役的农民，每到新年、寒食、冬至与腊月初八，统统放假三天。

比起官员的七天长假（地方长官除外），工人只给三天假期确实有些不合理，可是有假期总比没有强。早在845年，日本和尚圆仁入唐求法，曾经亲眼见到工人因享受不到休假而罢工暴动：那一年春节，朝廷原本承诺给修造宫殿的工匠集体放假，可是为了赶工，后来只让他们轮班休假，每天只许三千名工匠歇工。结果工匠不满，集体作乱，把宫墙都推倒了。朝廷害怕了，给每个工人发三匹丝绸，再各补三天假期，让工人们开开心心过了一个无需劳作的新年。

第二章

冬至

每年新历的 12 月 21 日到 23 日之间，必有一天是中国农历二十四节气当中一个重要节气：冬至。

冬至那天，太阳直射南回归线，处于北半球的我们所看到的日影最长，白天却最短，同时这天也是黄河流域最寒冷的日子。在河南、河北、山东、山西等诸多地区，同时也包括首都北京，到冬至这天都流行吃饺子。笔者故乡在豫东平原，那里有一句民谚："冬至吃饺子，哥哥娶嫂子；冬至不吃饺，耳朵要变小。"意思是吃饺子能给家里带来好运，能保护耳朵不被冻掉。

吃饺子也好，吃汤圆也罢，现在的南方人和北方人都没有将冬至作为一个重要节日——冬至不放假就是一个典型证明。可是宋朝却不然，冬至在宋朝的重要程度仅次于新年，宋朝人已经把冬至当成了新年的预热和彩排。

新年从冬至开始

《武林旧事》云："都人最重一阳贺冬。"意思是南宋首都杭州的市民最重视冬至。有多重视呢？"妇人小儿，服饰华炫，往来如云。"新年要穿漂亮衣服上街，冬至也要穿上漂亮衣服上街。"岳祠城隍诸庙，炷香者尤盛。"新年要去庙里拜拜，冬至也要去庙里拜拜。"三日之内，店肆皆罢市，垂帘饮博谓之做节。"新年期间能休假都休假了，冬至期间同样要休假，连店铺都关门三天，回家过节。"朝廷大朝会庆贺排当，并如元正仪。"大年初一有例行朝会，皇帝接受文武百官及各国使臣的朝拜，冬至这天同样有例行朝会，皇帝同样要接受文武百官及各国使臣的朝拜。

司马光著有《居家杂仪》，这是一本有关礼仪的小册子，书中写到："贺冬至、正旦六拜，朔望四拜。"晚辈过节向长辈磕头，平常磕四个，过冬至与新年时却要磕六个。为什么冬至与新年要磕同样数量的头？因为冬至在宋朝人心目中非常重要，几乎不亚于新年。新年到来，宋朝地方官要向皇帝上《贺正表》，内容是一大堆吉祥话；到了冬至，地方长官则要向皇帝上《贺冬表》，内容非常接近，还是一大堆吉祥话。可是过端午、中秋、重阳的时候，地方官就没有必要给皇帝写这些吉祥话了，因为这些节日没有冬至重要。

冬至无非就是一个节气而已，为什么会如此重要呢？生于北宋、死于南宋的文人金盈之道出了个中奥妙："自寒食至冬至，久无节序，故民间多相问遗。"一年三百六十五天，传统节日实在不少，按照时间顺序排列，依次是新年、元宵、春社、寒食、端午、七夕、中元、秋社、中秋、重阳、冬至、腊八、祭灶、除夕……其中新年与除夕头尾相连，元宵实际上属于春节的尾声，七夕是女人的节日，中元鬼气森森，透着不吉利，春社、秋社、中秋、重阳则全在农忙时节，故此在新年过后的大半年之内，绝大多数老百姓都没有机会再来一次节日的狂欢。只有到了冬至，秋收冬藏均已完结，亲朋好友久不相聚，终于可以趁此节气好好庆祝一回了，于是冬至就被人民大众集体推到了前台，想不隆重登场都不可能。

冬至也守岁

不客气地说，宋朝老百姓在过节方面缺乏创意，他们庆祝冬至的方式是模仿新年，新年搞什么活动，冬至就搞什么活动，一样都不能少。

所有的华人都知道，在大年初一的头天晚上，也就是除夕，我们是有守岁传统的：一家人围炉聚餐，听着鞭炮声，吃着团圆饭，看着电视，打着麻将，等着新年钟声敲响。

而宋朝人过冬至居然也守岁。

唐朝人将初一的头天晚上叫"岁除"，宋朝人管冬至的头天晚上叫"冬除"。岁除守岁，冬除也守岁，用宋人金盈之在《新编醉翁谈录》里的话说："大率多仿岁除故事而差略焉。"冬至守岁的规矩跟除夕守岁差不多。

守岁之前，先祭祖先。冬至祭祖用三牲：牛、羊、猪。将牛肉、羊肉、猪肉各煮一盘，端到祖宗牌位前供上。如果朝廷禁止宰牛（古代中国是农耕社会，历代皇帝为表明重视农耕，多禁杀耕牛，但这种禁令大多流于形式，实际执行的机会偏少），则用鱼或者鸡来代替。

三牲摆在供桌之上，呈品字形排列，中间再放入一盘菜肴、一盘米饭或一盘馒头，饭上插以树枝，树枝上粘一朵纸花，然后家中男性按辈分排好位置，集体向祖宗叩头，是为祭祖。

祭过祖先，应该"散福"，也就是将供品撤下，大家一起吃喝。吃喝的时候全家老小团团围坐，就像除夕时吃年夜饭一样。

吃过这顿冬至版的"年夜饭"，大人就可以入睡了，小孩子却要围着火盆、吃着零食、玩着铜钱，像过除夕一样守岁，直到次日凌晨才能上床睡觉。

为什么大人睡觉，却让小孩守岁呢？后面的章节里会有详细解释，这里恕不赘述。

冬至送节礼

生于南宋、死于元朝的宋朝遗老吴自牧说过：

冬至岁节，士庶所重，如馈送节仪，及举杯相庆，祭享祖宗，加于常节。

说明宋朝人过冬至既要祭祖和守岁，又要向亲朋好友馈送节礼。冬至的节礼比较简单，一般是两碗米饭或者两个馒头，再加一碗刚刚煮好的馄饨，放到一张红漆木盘之上，让小孩子端着去亲族及四邻家里分别馈送。送节礼的时间却要特别早。冬至那天凌晨四五点钟，家里的大人赶紧起床，煮出一大锅头天包好的馄饨，与头天蒸好的馒头或米饭放到一个木盘里，如此这般备办七八个木盘，指派小儿女向各家各户分送。

　　送这种节礼是不吃亏的，并不像肉包子打狗有去无回，因为张家将自家的馄饨、馒头和米饭送给了李家，李家也会将他家的馄饨、馒头和米饭送还给张家，等于是双方在交换节礼。确切地说，不是双方在交换，而是十几家甚至几十家在交换：小明家的馄饨送到了小强家，小强家的馄饨送到了小红家，小红家的馄饨送到了小丽家，小丽家的馄饨又送到了小明家……送到最后，每家餐桌上都有了其他很多家的饭食，仿佛是在集体交流厨艺。

　　在宋朝统治下的大部分疆域，冬至都是很冷的，冬至的早晨就更冷了，让小孩子端着木盘在寒冷的空气中来回馈送，怎么看都涉嫌虐待儿童。但孩子们未必会觉得苦，因为他们喜欢热闹。更重要的是，他们还能得到实实在在的回报：收到节礼的亲邻通常会发给小孩几枚铜钱作为节赏，而所发铜钱的数目一般要等同于小孩的年龄。比如说小明七岁，当他去小强家送节礼的时候，小强的爸爸会给他七文钱；小强八岁，当他去小明家送节礼的时候，小明的爸爸会给他八文钱。

　　可能正是因为宋朝有这样的风俗，所以大人们才会让小孩子去送节礼。您想啊，假如一个四十岁的大男人也去送节礼，别人该给他多少节赏呢？给少了不合规矩，可要是按年龄给，是不是显得这个送节礼的成年人太爱占小便宜了呢？

冬至吃什么

现在南方人过冬至流行吃汤圆，北方人过冬至流行吃饺子，宋朝人过冬至则以馄饨为主食。

宋朝人的饮食概念颇为特殊，他们说的"炊饼"实际上是馒头，他们说的"馒头"实际上是包子，他们说的"包子"实际上是用菜叶裹馅儿的菜包，而他们说的"馄饨"，实际上正是咱们现代人所说的饺子。

刚才说宋朝人过冬至以馄饨为主食，实际意思就是他们过冬至以饺子为主食。过冬至吃饺子，跟今日大陆的北方人没有区别。

读者诸君可能会表示质疑：馄饨是馄饨，饺子是饺子，馄饨怎么能跟饺子划等号呢？

没错，现在的馄饨跟饺子是有区别：馄饨皮薄馅少，饺子皮厚馅多，馄饨多用方皮，饺子多用圆皮。可是宋朝人说的馄饨跟咱们现代人说的饺子完全是一回事儿，同样是用圆皮包馅儿，同样是包成半月形，中间鼓鼓的，两头尖尖的，边缘扁扁的。

其实宋朝也有真正的馄饨——真的是馄饨，不是饺子。宋朝人包馄饨，包得很大，很复杂，造型像朵花，含苞未放，可以用铁签子串起来烤着吃，当时管这种食物叫"馉饳"（读如"骨朵"）。也就是说，宋朝的饮食概念有些变态，那时候的馄饨就是饺子，而那时候的馉饳才是馄饨。

金盈之《新编醉翁谈录》提到宋朝人过完冬至时常讲的一句民谚：

新节已过，皮鞋底破。大担馄饨，一口一个。

冬至这个盛大节日过完了，皮鞋的底子也踩破了，为什么会踩破呢？可能是因为冬至那天到处送节礼的缘故吧。送节礼要准备很多饺子，可是由于这些饺子有来有往，既没有送完，也没有吃完，过完冬至还剩下一大批。怎么办？敞开了吃呗！

第三章

祭灶

记得在小时候，经常跟小伙伴们唱这首童谣：

小孩小孩你别馋，过了腊八就是年。腊八粥，喝几天，哩哩啦啦二十三。二十三，祭灶官，糖瓜糖稀供地仙。糖瓜粘，糖稀甜，吃根糖棍儿好过年⋯⋯

"糖稀"和"糖棍儿"是豫东方言，糖稀是用糯米和麦芽熬成的麦芽糖浆；糖棍儿是一种芝麻糖，用米粉和淀粉加工成圆柱形的小段，过油炸熟，放在糖浆里蘸透，捞出来，再滚上一层芝麻。"地仙"也是方言，在我们豫东平原指的不是土地公，而是灶王爷。

灶王爷就是灶君，又叫灶官，据说他是有无数化身的神仙，平日蹲踞在厨房里，监察着所有人的一言一行，无论善恶都记录在案。到了年底，他会回到天宫述职，将善恶档案交给玉皇大帝，由玉皇大帝给予人类奖赏或惩罚。由于灶君在腊月二十四那天述职，所以我们就在腊月二十三那天"祭灶"——用糖瓜、糖稀、糖棍儿等美食好好款待灶君，让他不好意思说人类的坏话。

对于上述习俗，各地均有相关的童谣或民谚，北方有，南方也有，大陆有，台湾也有，虽然版本各别，但是内容相似，都是说腊月二十三祭灶，腊月二十四送神（送灶君及其他神仙回天宫）。

可是宋朝人却不一样，他们竟然是在腊月二十四祭灶，同时也在腊月二十四送神，这是什么原因呢？

灶君的神力

在解释宋朝人为何在腊月二十四祭灶之前，先给大家讲一个故事。

说是宋朝绍兴有一个姓杨的年轻人，平日里不务正业，偷鸡摸狗，吃喝嫖赌，什么坏事都干，他的父母忍无可忍，把他赶出了家门。当时正是十冬腊月，天寒地冻，他没地方避寒，只好躲进了一个牛棚里。牛棚漏风，他身上紧裹着偷来的被褥，蜷曲在厚厚的稻草上，依然冻得瑟瑟发抖。

到了午夜时分，月亮高高地挂在树梢上，冰冷的月光透过牛棚洒到稻草上，杨姓年轻人冻醒了，准备爬起来活动一下筋骨，增加一些热量。突然间阴风四起，一个七窍流血的鬼魂无声无息地出现在他面前,就像从地底下冒出来的一样。他吓得差点儿背过气去,以为鬼魂要向他索命,哪知道这个鬼魂并不上前,只是向外招手,好像是在呼喊搭档。杨姓年轻人心想:"一个鬼就够我受的了,再多来几个,非把我撕成碎片不可。"

眨眼之间,鬼魂的搭档来了。令杨姓年轻人感到幸运的是,鬼的搭档并不是鬼;可是令他感到绝望的是,来的虽然不是鬼,却是一只比牛还要大的斑斓猛虎!原来啊,这个鬼魂就是传说中的"伥",为虎作伥的伥。根据中国的民间传说,活人被老虎吃掉后,若不及时转世投胎,其灵魂就会变成"伥",帮助老虎寻找新的受害者。

猛虎的脑袋已经钻进了牛棚,牛棚里的两头老牛一动也不敢动,趴在地上闭目待死,杨姓年轻人也跟那两头牛一样浑身瘫软。只见那只伥狞笑了一下,伸出血淋淋的手指,向老虎勾了勾,又向杨姓年轻人指了指,意思是美餐在那儿呢,您老人家快快享用吧。老虎果然听话,一跃而起,朝"美餐"扑了过来。

眼看着杨姓年轻人就要成为老虎的腹中之物,天色忽然大亮,一道亮光劈进牛棚,紧接着一道炸雷般的声音随之响起:"畜生胆敢伤人,还不快快退走!"听到这句话,老虎竟然在半空中一扭腰,掉转虎头窜到外面去了,那只伥也在刹那之间消失不见。

危险过去了，杨姓年轻人无限感激，跪下来祷告上天，想弄明白是哪路神仙救了自己。只听半空中传来一个温和的声音："吾乃其家灶君司命也，汝识乎？"我是这户人家的灶君，你难道不认识我吗？

第二天，杨姓年轻人回到家中，向父母忏悔以往的过错，发誓要痛改前非，同时他也讲述了自己在牛棚里死里逃生的经过。他的父亲赶紧走到厨房里，向墙壁上张贴的灶君神像三跪九叩，答谢灶君的救子之恩。在后来的日子里，他们家"事灶益谨"，侍奉灶君比以前更恭敬了。

这个故事出自南宋志怪小说大全《夷坚志》。从我们现代人的眼光看，故事情节荒诞不经，没有丝毫可信之处。但是宋朝百姓大多迷信，他们宁可相信这个故事是真的，宁可相信这个充斥着血腥和不公的现实世界之外真有一个身外化身的灶君在保护每一个家庭不受伤害。

灶君是男还是女

时至今日，中国某些家庭的厨房里仍然供奉着灶君，其中有泥塑的灶君，也有彩印的灶君。

在那些彩印的作品中，灶君的相貌并不固定。有的灶君头戴平天冠，身披赭黄袍，相貌威严，三绺长髯，俨然是人间帝王。有的灶君面白无须，双耳垂肩，头戴毗卢帽，面团团如富家翁，犹如唐僧再世。有的灶君手中持剑，胯下骑马，一瞧就是武将。有的灶君右手持圭，左手扶膝，端坐在高高的宝座上，一瞧就是文臣。有的灶君并非孤家寡人，他老人家身旁还坐着一个面目慈祥的老奶奶，人称"灶王奶奶"。还有的灶君竟享齐人之福，左右两侧各有一个老奶奶，一夫二妻其乐融融，好像在教唆世间男子包二奶。

这些灶君画像孰真孰假？我们很难判定。第一，如前所述，灶君本来就是化身无数的神仙，既然可以有无数化身，当然可以有无数相貌；第二，传说中的灶君并不是一个版本，即使是擅长考证的古人，也不能确定哪一个版本更加正宗。

北宋博物学家沈括考证过灶君的来历，他认为最初的灶君应该是一个老太太，一个擅长烹饪的老太太，该老太太生活在上古时期，被世人尊为厨神，进而被尊为灶神；到了春秋战国时期，百家争鸣，风俗不一，灶神衍生出很多版本，有人说华夏始祖黄帝死后成为灶神，也有人说另一位华夏始祖炎帝死后成为灶神，还有人说灶神是祝融的化身——祝融是火神，火神司灶，理所当然。

再往后探寻，汉魏隋唐的灶神渐渐有了真名实姓，有人说他姓宋名无忌，有人说他姓苏名吉利，还有人说他姓张名单，虽为男身，貌如美女。沈括说，可能就是因为这个缘故，陕西一带的"灶户"（世世代代在国营盐场务工的百姓）所供奉的灶君画像就是一位女士，而开封市民供奉的灶君画像却身披战甲、胯下战马，故此被称为"灶马"。

由此可见，宋朝时期的灶君版本差异更大——现在的灶君都是男性，宋朝竟然还有女版的灶君。

无论是哪个版本的灶君，其职能在宋朝都已定型，既负责记录善恶，又为其监控下的子民提供庇护，使其免遭没来由的伤害。我们翻看《夷坚志》，可以见到南宋世俗生活中的两个小细节：愚夫愚妇生了小病，不舍得花钱找医生，却去灶下收拾些草木灰，当药服下；市井小贩出外经商，家里的钱财没人看管，偷偷藏到灶洞里去。南宋百姓为何要这样做？因为他们相信灶君，相信灶君的神力能惠及灶灰，相信灶君能帮他们治病，能看管好他们的钱财。

宋朝人祭灶比我们晚一天

中国老百姓是非常务实的，务实到了把他们所迷信的神仙都当成世俗官吏来敬奉的地步。世俗官吏需要礼敬，于是灶君也需要礼敬；世俗官吏可以收买，所以灶君也可以收买。

一年一度的祭灶，就是对灶君的礼敬和收买。

腊月二十四，百神上天，灶君也上天。其他诸神不负责记录善恶，不太留意将人类的罪恶上报给天庭，唯独灶神专负其职，将辱骂父母、欺虐乡邻、杀人越货、坑蒙拐骗、偷鸡摸狗、弄虚作假、乱扔垃圾、随地吐痰等大小罪行一一记录在册，如实汇报给上天。试想一年三百六十五天，谁没做过一两件坏事？如果让灶君捅到天上，轻则犯头痛，重则遭雷劈，那还得了？于是必须在灶君上天之前将其收买。

怎么收买？一是送钱，二是送甜。所谓送钱，是指烧化纸钱，让灶君笑纳；所谓送甜，就是用饧糖、糖瓜、糖豆粥等又甜又黏的甜食粘住灶君的嘴，不让他讲话，即使可以讲话，也只能讲好话，不好意思讲坏话。吃人嘴短嘛，吃了人间那么多甜食，哪好意思讲人坏话？

南宋陈元靓编有一部风俗大全，名为《岁时广记》，该书第三十九卷记录了宋朝人收买灶君的时间和方式：

十二月二十四日交年，都人至夜请僧道看经，备酒果送神，烧合家替代钱纸，贴灶马于灶上，以酒糟涂抹灶门，谓之"醉司命"。……每岁十二月二十四日新旧更易，皆焚纸币，诵道佛经咒，以送故迎新，以为禳祈云。

腊月二十四是灶君上天的日子，人们将那天称为"交年"，意思是新年将至，跟今天的"小年夜"差不多同义。如何度过"交年"呢？买酒、买纸钱、买灶马。有钱人请和尚或道士念经，没钱人自己念诵经咒。一边念经，一边用酒菜供奉灶君及其他神仙，同时还要用酒糟涂抹到灶门之上，据说这样可以让灶君上天之后晕头晕脑，不会做出对人不利的汇报。最后呢，再为灶君烧化纸钱，将灶君的坐骑（纸马）放在灶门口一同烧化，恭送灶君及百神上天。

这两段文献只提送钱，没写送甜，倒是南宋另一本风俗书籍《武林旧事》描写了送甜之法：

二十四日，谓之交年，祀灶用花饧米饵，及烧替代，作糖豆粥。

花饧又叫"胶牙饧"，是煎熬成半固态的麦芽糖；米饵又叫"欢喜团"，是用蜂蜜拌成的糯米丸子。麦芽糖，欢喜团，糖豆粥，宋人祭灶供奉的甜点竟然与今天完全相同。

陆游的老上司兼好朋友范成大写过一首《祭灶词》：

古传腊月二十四，灶君朝天欲言事。

云车风马小留连，家有杯盘丰典祀。

猪头烂熟双鱼鲜，豆沙甘松粉饵圆。

男儿酌献女儿避，酹酒烧钱灶君喜。

婢子斗争君莫闻，猫犬触秽君莫嗔。

送君醉饱登天门，杓长杓短勿复云，

乞取利市归来分。

"古传腊月二十四，灶君朝天欲言事。"说明宋朝灶君上天述职的时间跟今天一样，都是腊月二十四。

但今天祭灶选择腊月二十三（只有极个别地区选择腊月二十四祭灶），是在灶君述职的前一天进行祭祀；而宋朝人祭灶却在腊月二十四（个别地区甚至拖延到腊月二十五），是在灶君述职的当天进行祭祀，为什么？

笔者有一个大胆的猜想，它极可能错得离谱，但是在寻找不到合理解释的前提下，也算聊备一说：宋朝人祭灶之所以较迟，主要是因为宋酒的度数较低。

我们知道，宋朝没有蒸馏酒，只有未经蒸馏的酿造酒。酿造酒未经蒸馏，酒精度最高不可能超过16度，通常度数只有七八度而已。用这种酒祭灶，灶君易醉也易醒，假如二十三祭灶，二十四送神，则灶君上天时已然醒酒，对我等凡夫颇为不利，故此需要等到送神当天也就是腊月二十四那天再祭祀，确保灶君在醺醺然的状态下上天。

至于我们现代人在腊月二十三祭灶，倒不一定是因为现在流行蒸馏酒，酒精度高，能让灶君连醉两天，而更可能是因为我们急于事功和爱慕虚荣。查明朝方志，江南已有民谚："官三民四船家五。"官府二十三祭灶，百姓二十四祭灶，那些岸上无住宅、一家老小在船上生活的船民则迟至二十五才可以祭灶。船民一度被官府打入"贱民"的另册，让他们在二十五祭灶是出于歧视，而对老百姓哪天祭灶却没有限制。既然官府不限制，老百姓就蠢蠢欲动了，大家在"祭完收工"和"咱家不能比邻居晚"的心态下你追我赶，于是就将祭灶日期提前到了腊月二十三。

扩展阅读：宋朝的红酒和白酒

现代人把酒分成两大类：蒸馏酒、非蒸馏酒。再细分一下，还能分成四类：白酒、黄酒、啤酒、红酒。其中白酒是蒸馏酒，黄酒、啤酒和红酒都是非蒸馏酒。

黄酒用糯米酿造，啤酒用大麦酿造（为了增加甜度，有些啤酒还会用到大米，例如百威啤酒就是这样做的），红酒用葡萄酿造。白酒呢，通常用高粱酿造，不过也可以用小麦、玉米、小米和地瓜来酿。糯米也能酿成白酒：先酿成黄酒，再经过蒸馏（江浙人民称之为"吊烧"），不就变成白酒了吗？包括葡萄、梨子、橘子、菠萝等水果，都能拿来造白酒，不过水果比谷物贵，用水果造白酒太不划算。

宋朝没有蒸馏酒。换句话说，宋朝人喝不到白酒。但是宋朝已有"白酒"这一概念。南宋朱弁《曲洧旧闻》记当时旧名，把杭州竹叶青归类为白酒。南宋罗大经著有《红白酒》："酒有和劲，太守王元邃以白酒之和者、红酒之劲者，手自剂量，合二为一，杀以白灰，风味颇奇。"意思是说一个姓王的市长把"白酒"和"红酒"混到一起，加工出一种全新的"红白酒"。这说明宋朝不但有了"白酒"，还有了"红酒"。

可惜那时候的白酒和红酒跟现在完全不一样。宋朝白酒是用大米酿造的非蒸馏酒，之所以叫它"白酒"，是因为酿酒时全用白曲，成品酒的颜色是白的。宋朝红酒也跟现在的红酒全无关系，它也是用大米酿造的非蒸馏酒，之所以叫它

"红酒"，是因为酿酒时添加了红曲，成品酒的颜色是红的。无论"白酒"还是"红酒"，只要用炭火烧烤，靠高温把酒液里的微生物统统杀死，把成品酒烧出浓浓的糊香味，延长其保质期，则又叫作"烧酒"。这种烧酒也不是蒸馏酒，因为它只是高温杀菌，并不蒸馏提纯。

宋朝人是会用葡萄酿酒的，苏东坡年轻时在陕西做官时就酿过葡萄酒，他用葡萄和糖来酿造，不放酒曲，酿的是原汁葡萄酒，甜度很高，度数很低，不是干红，更非干白。原汁葡萄酒也是红酒，可是苏东坡和其他宋朝人一直老老实实地叫它"蒲桃酒"，并不称之为"红酒"。

也就是说，宋朝的白酒是发酵酒，不是蒸馏酒；宋朝的红酒是米酒，不是葡萄酒。如果咱们去宋朝饭店点酒水，千万要记得这一点。

宋朝祭灶有哪些规矩

上文抄录了范成大的《祭灶词》，该诗信息量颇大，不但讲明了宋朝的祭灶日期，而且讲到了祭灶时的若干规矩：

"猪头烂熟双鱼鲜，豆沙甘松粉饵圆。"供品包括熟猪头一只、鲜鱼两只，还有豆沙馅儿的汤圆，有荤有素，有咸有甜。至于胶牙饧、欢喜团、糖豆粥等甜食，祭灶时更是不可或缺，但是范成大的词里没写。他不写，不代表没有，因为诗歌毕竟不是流水账，点到为止即可，不宜面面俱到。

"男儿酌献女儿避，酹酒烧钱灶君喜。"供桌上要摆酒，祭灶时要烧化纸钱，只有男性可参与祭祀，女士们一边凉快去。到了今天，南方仍有如此陋俗，这是男权时代遗留的孽习，应该铲除。

除了以上这些，宋人祭灶还有其他规矩。

第一，要为灶君备办"甲马"。

甲马一词在古文中有三种含义：一指披甲骑马的士兵（如《东京梦华录》云"行军巡检部领甲马来往巡逻"），一指铁甲护身的战马（如《宋史·兵志》云"获甲马百匹"），一指绘有战马、用来召唤神灵乘坐的黄纸（《水浒传》中的"神行太保"戴宗每次作法行路之前必须将"甲马"绑在腿上，这种甲马就是画了战马的黄纸）。祭灶用甲马，指的是第三种甲马，上画战马，下画云朵，旁书神咒，祭祀后烧化，供灶君上天时乘坐。

第二，要为灶君备办"料豆"。

"料"即草料，"豆"即黑豆，灶君的坐骑虽是天马，却跟凡马一样要吃饲料，故此在烧化甲马的同时，还要往火堆里扔一把干草和几粒黑豆，供灶君的坐骑食用，只有坐骑吃饱了，才有力气驮着灶君上天。打个比方说，给领导配备了汽车，同时也要配备汽油，不加油怎么让领导上路呢？

第三，不要忘了烧掉灶君的画像。

甲马和料豆都是为灶君准备的，灶君才是上天的主角，烧化了甲马、干草与黑豆，别忘了将墙上粘贴的灶君画像撕下来，在供桌前烧掉。一边烧，一边默默念诵"上天言好事，下界保平安""上天言好事，回宫降吉祥"。

旧画像烧掉，还要代之以新画像，一如撕掉旧春联，还要贴上新春联。春联是即撕即换，灶君画像却不能即烧即换，必须等到除夕，才能将新画像贴到厨房里。为什么非要等到除夕呢？因为除夕是宋朝人认为的灶君回宫的日子。

《岁时广记》卷三十九《腊月·诵经咒》云："每岁十二月二十四日新旧更易。"新旧更易主要指灶君更易，旧灶君卸任，新灶君并不随即到任，还要等待天庭的任命，这时候你如果自作主张贴上新灶君，那就等于民主选举，是不会被天庭承认的。

第四，祭灶之后要照虚耗。

"虚耗"是百神当中的一种，它虚无缥缈，无色无形，不像灶君那样监察善恶，也没有庇护凡人的能力，但它却有捣鬼添麻烦的能力。

小门小户过日子，挣的没有花的多，年底盘账，怎么算都兑不够数，不用问，亏空出来的差额准是让虚耗给弄走了。而且虚耗很变态，腊月二十四祭灶送神，百神都去吃供享，吃饱了乖乖地飞升，唯独虚耗不吃这一套，留在你家不走。怎么办？用火烧它的屁股，把它逼走。

灶君躲在厨房里，虚耗却躲在床底下。于是到了腊月二十四夜里，在送走灶君以后，宋朝人开始发威了。他们准备好一盏盏油灯，一一点着，送入床底，从深夜点到天亮。这种风俗在宋朝叫作"照虚耗"，是人类向鬼神宣战的壮举。

可惜的是，鬼神未必存在，床底和油灯却是实实在在的。白白点一夜灯，费油是小事，万一火苗子变大，烧着了床才是大事。假如那床上还睡的有人，那就成了天大的事了。因此之故，照虚耗也是陋俗，风险很大的陋俗。

🦌 扩展阅读：戴宗的甲马

《水浒传》里有一位"神行太保"戴宗，把两个甲马拴在腿上，一天能走五百里；把四个甲马拴在腿上，一天能走八百里。

现在交通工具先进，电动自行车时速八十里，摩托时速一百五十里，汽车时速两百里，都算正常速度。如果让戴宗在前面走，我们骑上摩托在后面追，很快就能超过他，不管他在腿上拴几个甲马都白搭。但是朋友们，戴宗生在宋朝，那时候没有摩托，没有电动自行车，更没有阿斯顿马丁DB9、法拉利F450，戴宗只凭一双肉腿在地上走，就能日行八百，这记录恐怕没人能够打破。

那位说了：戴宗不是只凭一双肉腿，他腿上还拴着甲马呢。

OK，咱们就说说这甲马。

在古人口中，"甲马"有时候是指披甲骑马的人。比如五代时徐铉笔记《稽神录》："建康人方食鱼，弃鱼头于地。俄而，壁下地穴中，有人乘马，铠甲分明，大不盈尺，手执长槊，径刺鱼头，驰入穴去。如是数四。即掘地求之，见数大鼠，鱼头在焉。唯有箸一只，了不见甲马之状。"宋时孟元老笔记《东京梦华录》："诸军有紫巾绯衣素队约千余，罗布郊野，每队军乐一火，行官巡检部领甲马来往巡逻。"以及清朝人许南英诗词："干戈满地降旗遍，甲马楼船拼转战。苍穹有意眷孤忠，大海忽将荒岛见。"以上引文里的"甲马"，都是甲士和战马的统称，就像"骑"这个词儿常是骑士和坐骑的统称一样。

有时候，"甲马"则是指画有神像、用于祭神的纸。

清人梁章钜《浪迹续谈》卷八"通用字"条目写道：很多东西名字叫"马"，实际跟马没关系，例如猜拳用的小木棍叫"拳马"，天平上的衡器叫"法马"，木匠的工作台叫"作马"，插秧的小船叫"秧马"，吃面时配的小菜叫"面马"，在纸上画神佛之像，祭祀之后再烧掉，这种纸叫"甲马"。

据《清稗类钞·物品类》"纸马"一节记载，甲马本来叫纸马，起源于唐朝，是手绘的彩色神像，因为上面的神像大多披甲骑马，所以又叫甲马。到了宋朝，雕版印刷普及，甲马成了五色套印的彩色印刷品，历经元明清三代而不衰。

很明显，戴宗腿上拴的不是前一种甲马（腿上拴几个披甲骑马的人，戴宗还能健步如飞，那也太离谱了），而是后一种甲马（即纸马）。也就是说，戴宗是把印有彩色神像的纸绑在了自己腿上。

后一种甲马用处不小。清代考据学家赵翼《陔余丛考》卷三十"纸马"条目说："世俗祭祀，必焚纸钱、甲马。"万历时学者王士性《广志绎》卷三"泰山香税"条目说："（士女赴泰山烧香）必戴甲马、呼圣号、不远千里、十步五步一拜而来。"袁枚《续子不语》卷一"天后"条目说："天后圣母，……灵显最著，海洋舟中，必虔奉之。遇风涛不测，呼之立应。有甲马三，一画冕旒秉圭，一画常服，一画披发跣足仗剑而立。每遇危急，焚冕旒者辄应，焚常服者则无不应，若焚至披发仗剑之幅而犹不应，则舟不可救矣。"纪晓岚《阅微草堂笔记》卷一则讲了个灵异事件，说是纪晓岚的大儿子纪汝佶病危，家人按风俗给他烧了一张甲马，纪汝佶突然睁开眼叫道："我那匹马怎么瘸了一条腿？"家人大恐，原来烧甲马时不小心，把甲马上那匹马的马蹄给弄花了。

通过上述文献可以看出，至少在明清时期的部分地方，人们祭祖、进香、航海、送葬，都要烧一些甲马。但是，像戴宗那样用甲马来提速的做法并不常见。我估计施耐庵可能是受了道教符咒的启发，才给笔下的戴宗拴上甲马，让他具备了神行术。

我读过两本记载道教符咒的书籍，一本是民国时刻印的《六甲天书》，一本是清朝人编写的《底襟集》。《六甲天书》载有"缩地法"，让施法人在两腿上各拴一个甲马，口念缩地咒："一步百步，其地自缩。逢山山平，逢水水涸。吾奉三山九侯先生令摄！"可以日行千里。《底襟集·地理秘旨部》载有"足底生云法"：取两个甲马，每个上面各写"白云上升"四字，分别绑在双腿上，口念乘云咒："望请六丁六甲神，白云鹤羽飞游神。足底生云快似风，如吾飞行碧空中。吾奉九天玄女令摄！"可以日行八百。

真不知道戴宗用的是缩地法，还是足底生云法。要不他就是看了《哈利·波特》，学会了一句飞行咒："羽加迪姆，勒维奥莎！"连念三遍，骑着笤帚腾空而起。

送神之后，采购年货

如果说冬至是新年的彩排和预演，那么祭灶就是新年的发令枪。我的意思是说，过年很忙碌，需要做很多很多准备工作，例如打扫房间和备办年货，而在祭灶之前，这两项工作是不能做的，只有祭完灶君、送完百神，才可以进行。

传统中国跟日本差不多，都是多神崇拜的国度，人们相信角角落落都可能有神灵居住：厨房里有灶神，厕所里有厕神，墙底下有太岁，床底下有虚耗，屋脊之上有姜太公端坐……从年头到年尾，这些神灵一直蜗居在某处岿然不动，假如搬动家具、破墙动土，极可能触犯某个神灵，使其动怒降灾，为一家老小引来大祸。所以平日里打扫尘土都要小心翼翼，翻修住宅更要烧香礼拜，家人活得憋屈，房子也活得憋屈。

到了腊月二十四，自由终于降临了，因为灶君被送走了，各种神灵都被送走了，人类终于成了住宅的主人，想怎么打扫就怎么打扫，想怎么翻修就怎么翻修，无需磕头，无需贿赂，短期内出现了权力的真空。

我们有"二十四，扫房子；二十五，扫墙土"的民谣，而宋朝人同样如此。

《岁时广记》卷三十九《腊月·扫屋宇》云："唯交年扫屋宇无忌，不择吉。"只有到了腊月二十四，打扫房间才没有禁忌，翻修房子才不用选择吉日。从二十四到除夕，从旧灶君上天到新灶君下凡，在这一个星期左右的自由时间里，每一天都是吉日，趁机赶紧将房间好好地打扫一新吧！

与此同时，腊月二十四以后也是采办年货的好日子。倒不是说祭灶送神之前不可以采办年货，而是因为采办过早的话，鱼肉与蔬菜容易腐败。

《东京梦华录》载：

近岁节，市井皆印卖门神、钟馗、桃符、桃板及财门钝驴、回头鹿马、天行帖子，卖干茄瓠、马牙菜、胶牙饧之类，以备除夜之用。

过了腊月二十四，大家开始买年画、买春联、买蔬菜、买糖果，热热闹闹采办年货，为即将到来的大年夜做准备。

第四章

买年货

小时候还唱过一首童谣：

二十六，买大肉。二十七，买烧鸡。二十八，买只鸭。二十九，守门口。三十晚上熬一宿，初一上街扭一扭。

腊月二十六买猪肉，腊月二十七买烧鸡，腊月二十八买只鸭，说的都是买年货。到了腊月二十九，年货已经办齐，大人在厨房里煎炒烹炸，准备过年的熟食，小孩子则跑到门口守着，防止别人家的狗溜进来偷吃。这首歌谣很形象很传神，寥寥几句，把备办年货的辛苦与热闹唱得淋漓尽致。

当然，歌谣毕竟是歌谣，有时候是只求押韵，不求严谨的。"大肉"即是猪肉，买猪肉未必非要等到二十六，买鸡买鸭也未必非要等到二十七和二十八。现在市场发达，商品丰富，随便哪一天去超市和菜市场逛上个把小时，就能把年货办齐，非但各种肉类全有，连年画、鞭炮、烟火、糖果以及新衣新帽统统齐备。如果懒得出门，还能上网下单，更是简单快捷。

宋朝人办年货，同样少不了买肉类、买年画、买鞭炮、买糖果，但是如果追根溯源仔细瞧瞧他们的年货清单，会发现一些久已失传的小东西。如果再亲自跟随他们去菜市场转一转的话，更能发现一些颇具现代风格的采购方式。

宋朝人的年货清单

在宋朝过年，需要购买的年货还真不少。

《武林旧事》第三卷有一节《岁晚节物》，罗列了一大堆年货清单，姑且抄录如下：

腊药、锦装、新历、诸般大小门神、桃符、钟馗、春帖、天行贴儿、金彩、缕花、幡胜、馈岁盘盒、酒檐、羊腔、果子、五色纸钱、糁盆、百事吉、胶牙饧。

"腊药"是腊月初八那天制造的各种药材，可供过年时浸泡"屠苏酒"，所用药材包括大黄、桔梗、防风、白术、虎杖、乌头、甘草、金银花等。腊月初八为佛陀成道节，古称"腊日"，据说在这天加工的物品不受虫蛀，保质期长，故此宋人多在腊月初八制腊药、酿腊酒、熏腊肉、腌腊鱼，以备过年。今日北京地区在腊八那天有腌"腊八蒜"的习俗，也是老年人相信腊八腌菜不易腐败的缘故。

"锦装"即新衣服。《东京梦华录》云："正月一日年节，……小民虽贫者，亦须新洁衣服。"可见宋朝新年跟今天一样，无论贫富，都要换上新衣服。

"新历"即新历书。宋代历书由朝廷颁行，详载一年节气与吉凶宜忌，每到年尾，须扔掉旧历，换上新历。据《宋史·礼志》，大臣历书一向由皇帝赐给，民间则享受不到这一待遇，只有去市场上购买了。

"门神""桃符""钟馗""春帖""天行贴儿"，这些都是过年时装饰大门的物品，类似今日的年画，但比年画要复杂，本书第六章《贴年画》会详细解释其具体形制，这里不再啰嗦。

"金彩"是用丝绸和彩纸剪扎而成的长条状装饰物，除夕那天悬挂在大门之上和厅堂正中，类似今日台湾的"结彩"。

"缕花"是将绸布和彩纸剪成花朵形状，过年时插在头上。

"幡胜"跟缕花相似，但不是花朵，而是用彩纸或布匹剪裁而成的蝴蝶、飞蛾、燕子、雄鸡等动物造型，过年时也要插在头上。事实上，用于加工幡胜的材料不仅仅包括绸布和彩纸，还有金属材质的幡胜，例如锡幡胜、银幡胜、金幡胜等等。据《梦粱录》记载，每逢年尾，宋朝皇帝会赐给大臣金银幡胜，供新年和立春时佩戴。老百姓无此福利，假如家中没有巧手媳妇，自己做不出来，那就只有去市场上购买了。

"馈岁盘盒"是一种容器，一般为红漆木盘，上面有盖，盖子上刻着"吉庆有余"之类的吉祥话。宋人过年有馈岁习俗，即亲朋好友之间互相馈送年礼，为了美观，所送的年礼要用这种馈岁盘盒盛放。

"酒檐"也是一种容器，用来盛放年酒。说穿了，酒檐其实就是造型美观的红漆木桶，有盖儿，有提梁，提梁上还罩着一层小小的木制屋顶，看上去就跟卡通版的小亭子似的。用这种容器馈送年酒，显得特别喜庆，也特别有面子。

"羊腔"即腔羊，意思是去除了羊皮和内脏的整羊。事实上，宋人过年并不是只买羊肉，还会买猪肉、兔肉、狗肉和鱼虾之类。牛肉常被官方禁止，但是用牛肉过年的老百姓为数并不少。宋神宗元丰二年（1079年），苏东坡在黄州过年，就曾与邻居合伙宰杀一头瘸了腿的耕牛。

"果子"指的是各种水果、干果以及蜜饯。

"五色纸钱"即台湾人所说的金银纸，新年祭神时必不可少。

"糁盆"其实就是炭火盆。春节天寒，是需要用炭火取暖的，问题是取暖完全可以用炉子，干吗要用盆呢？这跟宋朝风俗有关：除夕当晚，小孩守岁，院子正中或者厅堂门口要放一个火盆，盆中贮炭，从吃年夜饭时燃着，要一直烧到天亮。

早在中古时期，除夕盛行"庭燎"，即在院子里的空地上燃起一堆明火，让小孩子往火堆里扔竹竿。在火苗的炙烤下，竹竿不停地爆开，发出噼噼啪啪的声音，据说可以驱鬼。宋朝火药技术发达，鞭炮已普及，无需再往火堆里扔竹竿。另外宋朝人多地少，住房紧张，普通市民临街建房，宅基逼仄，连厕所都不舍得建造，更谈不上院中空地，无处可以庭燎。如果在房间里庭燎，房高一丈二，火苗子一丈九，非把屋顶烧穿不可。为了安全，同时也为了经济适用，聪明的宋朝人将庭燎改成了糁盆烧炭，将庞大的火堆缩减成了盆中的炭火。

"百事吉"是宋朝人过年时在餐桌上摆放的一种利市，这种利市是这样的：将柿子、橘子和柏枝放到同一个盘子里，先将柏枝折断，再依次掰开柿子和橘子，是为"柏柿橘"，寓意"百事吉"。

但是古代的水果保鲜技术相对落后，在寒冷的北方，柿子和橘子未必总能买到，于是聪明的市井小贩又在过年时推出"百事吉结子"：在绸布上绣以柏枝、柿子、橘子，打成中国结，卖给老百姓。到了吃年夜饭的时候，全家人一起解开这个结子，再挂到房梁上，同样能获得"百事吉"的好意头。

"胶牙饧"即煎熬成半固态的麦芽糖，颜色焦黄，气味芳香，刚入口并不甜，可是越嚼越甜（胶牙饧中残留的淀粉在唾液淀粉酶的作用下完全转化为麦芽糖），是小孩子守岁时必备的消夜零食。本书第三章《祭灶》已经提到过这种小点心，这里再提一次，意思是祭灶和采办年货都离不开胶牙饧。

以上清单当中，衣服、肉类、果品、门神、金彩和金银纸也是咱们现代人过年要办的年货，但是桃符、幡胜、糁盆、酒檐和百事吉放到今天就显得颇为稀罕了。幸好读者诸君有本书在手，可以轻松掌握这些稀罕物品的来龙去脉，到了宋朝绝对不至于瞠目结舌。

🐟 扩展阅读：东坡肉和东坡鱼

苏东坡在湖州当市长的时候，因为乱讲话，得罪了纪委领导御史中丞。中丞很生气，后果很严重，老苏很快被捕入狱。

被捕那天，苏东坡正在大堂上办公呢，一帮军警直冲上去，二话不说，将老苏捆了个鸭子凫水，牵着就走。老苏吓坏了，连问何事，领头人恶狠狠地说："御史中丞召！"你犯了滔天大罪，纪委书记要找你问话！老苏只好乖乖地跟着走。他的老婆孩子在后面追，边追边哭成一片。老苏也哭了，高喊着弟弟苏辙的名字嘱咐道："子由，以妻子累尔！"兄弟，做哥哥的小命难保，你嫂子你侄子以后都要靠你养活了。

到了首都开封以后，苏东坡被打入天牢，他的大儿子苏迈进去探监，他嘱咐道："送食惟菜与肉，有不测则撤二物，而送以鱼。"（《避暑录话》卷下。）你在外面帮我好好打探消息，如果皇上不杀我，你就一天三顿送菜送肉给我吃；如果听说朝廷定我死罪，你就送一条鱼过来，提醒我尽快安排后事。

苏迈很听话，每天按时去送饭，顿顿都是两个菜，一道素的，一道荤的，不送鱼。如此这般送了一个月，钱花光了，苏迈去陈留（位于开封东郊）找亲戚借钱。那时候交通不便，从开封到陈留走一趟得花一整天，苏迈怕老爹饿着，去之前专门委托一个熟人："我爸在牢里关着，今天就麻烦您给他送饭了。"他光顾着让人家送饭，却忘了告诉人家别送鱼，结果那个熟人送了一条咸鱼进去，可把苏东坡吓坏了，以为很快就要杀头，一口气写了好几首绝命诗……

故事的结局我们都知道：太皇太后帮苏东坡求了情，皇帝开恩没杀他，只把他流放到了黄州而已。

今天之所以要给大伙讲这个故事，主要是想说说苏东坡的饮食偏好。单从他让儿子送的饭来看，他应该爱吃菜，也爱吃肉，但应该不爱吃鱼。假如他爱吃鱼胜过爱吃肉，那他更可能这样嘱咐："送食惟菜与鱼，有不测则撤二物，而送以肉。"只要朝廷不判我死罪，你就一直送鱼过来，除非我小命难保，你再送肉。我的意思是说，在这里好食物代表好消息，坏食物代表坏消息，苏东坡既然让儿子用肉报平安，用鱼报凶信，说明他讨厌鱼，平常不怎么爱吃鱼。

现存文献中处处可以见到苏东坡爱吃肉的记载。

此公流放惠州后，曾给弟弟苏辙写信，怀念当年在朝中做官时的饮食待遇："三年堂庖所食刍豢，灭齿而不得骨。"（《仇池笔记》卷上《众狗不悦》。）在中央食堂吃了三年肥羊肉，一口咬下去，满嘴都是肉，啃半天都啃不到骨头。等到去惠州当老百姓，俸禄停了，免费食堂吃不到了，只能自己买肉吃。他买不起，见天萝卜白菜，嘴里淡出鸟来，只好去集市上买点儿羊脊骨打打牙祭："骨间亦有微肉，熟煮熟漉，若不熟，则泡水不除，随意用酒薄点盐炙微焦食之，终日摘剔，得微肉于牙綮间，如食蟹螯，率三五日一食，甚觉有补。"（同上。）羊脊骨俗称"羊蝎子"，丫丫叉叉一长串，没什么营养，不适合炖汤，好在骨缝里总有剔不净的残肉，老苏买回家，先煮后烤，用牙签剔着往嘴里送，一副羊蝎子能吃一整天，跟吃螃蟹似的，三五天吃一回，又便宜又解馋。

在流放惠州之前，苏东坡还曾经流放黄州，黄州一农民家里耕牛得病，被他买了下来，拉到城外偷偷宰掉，"乃以为炙"（《春渚纪闻》卷六《牛酒帖》），做成烤牛肉吃。按宋朝法令，耕牛是生产资料，不得私自宰杀，否则宰牛人与买牛肉者都有罪，而老苏敢于违反这一禁令，说明他相当馋肉，既爱吃羊肉，也爱吃牛肉。

当然，苏东坡也爱吃猪肉。

现在有一道极为常见的菜叫"东坡肉"，各地做法不同，有的先煮后烧，有的先煮后蒸，有的直接焖煮收汁，但是选用的主料和成品菜的造型都大同小异，主料都是半肥半瘦，成品菜都是码得整整齐齐的麻将块儿，红得透亮，色如玛瑙，夹起一块尝尝，软而不烂，肥而不腻，又好看又好吃。据说这道菜正是苏东坡的发明。

苏东坡确实做过猪肉，但他应该没做过东坡肉。《苏轼文集》中唯一记载猪肉做法的文章是一则《蒸猪头颂》："净洗锅，浅着水，深压柴头莫教起。黄犬贱如土，富者不肯吃，贫者不解煮。有时自家打一碗，自饱自知君莫管。"相对羊肉而言，猪肉在宋朝是低贱之物，"御厨不登彘肉"（《后山谈丛》卷二），猪肉进不了御厨房；"士夫不以彘为膳"（《甲申杂记》卷上），士大夫不吃猪肉；在北宋中叶，羊肉售价五六百文一斤，猪肉售价八九十文一斤（参见王仲荦

《金泥玉屑丛考》），猪肉比羊肉便宜好多倍，故此苏东坡说"黄豕贱如土，富者不肯吃"。穷苦老百姓倒不嫌猪肉低贱，可是他们不懂得烹调窍门。苏东坡认为窍门很简单，"净洗锅，浅着水，深压柴头莫教起。"四个字儿概括，"小火慢烧"而已。

小火慢烧蒸猪头，耐心等，等火候到了，猪头自然会烂，但仅凭这个就能把猪头做好吃吗？肯定不能。猪头有浓重的脏器味儿，怎么去除？是在上锅之前用碱面搓洗？还是在出锅之后用酱料调制？抑或蒸之前先炖煮一番，撇去腥沫，过水改刀？苏东坡统统没提。

我常常怀疑苏东坡是否真会烧菜。没错，他是美食家，他的《老饕赋》《饮酒说》《沙羊颂》《蒸猪头颂》写得都很生动，隔了千年再读，依然活色生香，但美食家未必是好厨子，能写美食的人未必能做美食。对于苏东坡的真实手艺，宋人叶梦得略有论述："苏子瞻在黄州作蜜酒，不甚佳，饮者辄暴下，蜜水腐败者尔，尝一试之，后不复作。在惠州作桂酒，尝问其二子迈、过，云亦一试之而止，大抵气味似屠苏酒，二子语及，亦自抚掌大笑。"（《避暑录话》卷上。）说的是苏东坡在黄州发明过蜜酒，试图用蜂蜜酿出美酒来，结果失败了，所酿的"美酒"让人一喝就拉稀；后来在惠州又发明桂酒，试图在酒中掺入桂子，结果也失败了，他的儿子苏迈和苏过品尝过之后都说很难喝，跟药汤似的。

据苏东坡自己说，他擅长做鱼羹，而且他做的鱼羹还得到多人点赞："予在东坡，尝亲执枪匕，煮鱼羹以设客，客未尝不称善，意穷约中易为口腹耳！今出守钱塘，厌水陆之品，今日偶于仲天贶、王元直、秦少章会食，复作此味，客皆云此羹超然有高韵，非世俗庖人所能仿佛。"（《东坡志林》卷九《书煮鱼羹》。）早年流放黄州，曾经为客人炖鱼汤，客人尝了都说好。后来到杭州当市长，大鱼大肉吃腻了，跟几个朋友小聚，心血来潮，再一次亲自下厨，又照老样子炖了一锅鱼汤，朋友们都夸老苏手艺一流，鱼汤炖得非同凡响，饭店里的厨子学不来。

我们刚才在前面推测过，说苏东坡可能不爱吃鱼。既然不爱吃鱼，他怎么能擅长做鱼羹呢？其实很简单，猪肉在宋朝很便宜，鱼比猪肉更便宜，苏东坡穷到买不起猪肉的时候，只好买鱼来解馋，做鱼做得多了，自然就把手艺练出来了。

最后说说苏东坡究竟是怎么炖鱼汤的：

"其法以鲜鲫鱼或鲤治斫，冷水下，入盐如常法，以菘菜心芼之，仍入浑葱白数茎，不得搅。半熟，入生姜、萝卜汁及酒各少许，三物相等，调匀乃下。临熟，入橘皮线，乃食之。"（《苏轼文集》卷三十四《煮鱼法》。）

鲜活的鲫鱼或鲤鱼来一条，刮鳞抠腮，摘净内脏，鱼腹去黑膜，鱼背抽白筋儿，不腌不炸，冷水下锅，锅里放盐，加入半棵菜心、几根葱白，盖上锅盖儿开始炖煮，不要用勺子翻动，以免鱼肉散开、鱼身走形。煮到半熟，再放入三样配料：姜汁、萝卜汁、料酒。这三样配料按照同样的数量备好，放在一个碗里调匀，然后再倒入鱼汤里同炖。快要出锅的时候，再将陈皮切丝，撒几根在锅里，就可以停火品尝了。

我比葫芦画瓢，照苏东坡的做法做了两次试验，一次是炖鲤鱼，一次是炖鲫鱼。坦白说，只要火候到家，炖出来的汤色挺正的，洁白浓稠如牛奶；汤味呢，勉强说得过去，略微能尝到鱼的鲜甜；所不能原谅的是鱼肉，一夹就散，入口极淡，还有一股土腥气。

我觉得吧，如果将来哪家馆子想在东坡肉之外再开发一道"东坡鱼"或者"东坡鱼羹"的话，肯定会对苏东坡的烹调方法加以改良，炖鱼之前即使不想挂粉炸黄，至少也要用盐和麻椒腌一腌嘛！

买年货要花多少钱

Now，我们有了宋朝年货的清单，下面不妨再打听一下这些年货的价钱。

据《苏轼文集》卷五十五《与章致平二首》描述，花费铜钱二百文，可买白术一两。假如腊药所用的其他药材与白术价格相近，那么我们可以推断出每斤腊药的市价应该在两千文左右。

据《宋史》卷二百九十二《丁度传》："在京西，有强盗杀人，取其弊衣，直不过数百钱。"一件破衣服价值几百文，一件新衣服的售价应该在千文以上。当然，人分贵贱，衣服也分贵贱，一套名牌服装的价格可能是普通服装的几百倍乃至几千倍。宋仁宗时期的读书人江休复在其著作《醴泉笔录》中就曾经写道："都下裁翠纱帽，直一千。"一顶好帽子卖千文左右。而宋神宗熙宁年间日本和尚成寻在杭州买帽子，最便宜的只要五十文一顶（据成寻《参天台五台山记》卷一）。宋话本《勘皮靴单证二郎神》用浓笔重彩描写了一双名贵皮靴，价值四千文以上，而《五灯会元》中有一位福州和尚买草鞋，三文钱就能买一双。所以说，同样是新年买新衣，名牌与普通牌子实有天壤之别。普通百姓买普通衣服，衫裤鞋帽俱全，三千文一套应该就够了。

宋朝纸张便宜，雕版印刷工艺登峰造极，历书价格较为便宜。据李焘《续资治通鉴长编》第二百二十卷所载，北宋民间所印小本历书每册售一两文钱，在年货开销中几乎可以忽略不计。

同样道理，门神、春联、天行贴儿也是雕版印刷品，价格也很便宜。现存文献难以找到宋朝门画售价，但南宋笔记《四朝闻见录》提到宋宁宗时期杭州小贩售卖小幅版画，价钱是"一钱一本"，一文钱就能买到一幅。

缕花与幡胜属于工艺品，用料极少，主要是手工费用昂贵。如果用金银制作，那可就更加昂贵了。宋人王迈《臞轩集》载："妇女饰簪之微，至当十万之直，不惟巨室为之，而中产亦强仿之矣。"中产之家的妇女追赶潮流，破费血本儿买一头首饰，须花十万文左右，春节出门如果插一头金银幡胜，大概也要花费同样的成本。

馈岁盘盒与酒檐多为木器，具体价格当视其大小、用材及工艺复杂程度而定。按宋徽宗崇宁年间的红漆木桶价格来估计，一套普通盘盒再加一樽酒檐的总价应该在七千文上下。

宋朝猪肉便宜，羊肉很贵，鱼的零售价通常又比猪肉还要便宜。在南宋前期，宋金议和以后，一头成年公猪价值一千二百文，一只羊至少价值五千文，一斤鲤鱼价值六文。中产之家如果买一头猪、一只羊和十斤鲤鱼来过年的话，大约需要花费六七千文。

果品与蜜饯之类的价格差别很大。陆游诗云："一钱留得终羞涩，持买饧馓引福孙。"花一文钱能买一块麦芽糖，带回去哄小孙子高兴。比陆游大十几岁的南宋诗人王十朋"以百钱买橘，得十六颗"（见王十朋诗集，诗题为《晚过沙滩，有渔举网，得鳊鱼二百余头，橙橘正青黄，以百钱买橘，得十六颗，比乡里小差而味酸》），一颗橘子卖六七文。宋朝乡民房前屋后多种柿树，坟前多种柏树，故柿子与柏枝可不必买，去集市上花六文钱买颗橘子，回家就能"百事吉"了。但是如果要大肆采购蜜饯果盒，一小盒蜜饯荔枝至少要卖几百文，开销就无法估算了。

总而言之，买办年货可丰可俭。如为省钱，将上述清单中的物品全部采购整齐，大约不足万文。而如果为了虚荣，仅为家人购置金银幡胜这一项，就得花费几十万文。

分期付款买年货

宋朝是一个基尼系数极高、贫富差距极大的朝代，有钱人特别富裕，没钱人特别穷困。拙著《历史课本闻不到的铜臭味》对宋代高官的年收入有所考证，以清官包拯为例，年收入总计两万多贯，即两千多万文。而穷苦百姓收入又有多少呢？"山民为生最易足，一身生计资山木。负薪入市得百钱，归守妻儿蒸斗粟。"（北宋张耒《感春六首其一》。）一个靠山打柴的樵夫劳累一天只能挣一百文，假使全年无休，收入也只有三四万文。洪迈《夷坚志》写到宋宁宗庆元年间江西饶州一个开熟肉店的小商人，"日所得不过二百钱"，每天能挣二百文，年收入七八万文。

高官年入几千万文,过年时自然想买什么就能买什么(事实上很多年货无需购买,如新衣、缕花、幡胜、历书,均由皇帝赏赐);升斗小民年入几万文,买年货就必须精打细算,能省则省了,否则一年积蓄还不够过年。

《夷坚志》录有一则轶闻:宋高宗在位时,某县尉死在任上,十年之后其家破产,儿子欠债累累,"除夜无以享,独持饭一器祀其父。"除夕祭祀死去的爹,连三牲都没有,只有一碗白煮饭。这个案例说明某些赤贫之家过年时根本不买年货,因为买什么都买不起。

好在宋朝商人颇有创意和人情味,早早地推出了"分期付款买年货"这一新型销售方式。

比方说您去某家点心铺子买十斤甜粿,一斤一百元,总共要付一千元,您一掏钱包,对不起,只带了二百元,回家去取钱,发现家里的钱都拿去还房贷了,可是这个新年又不能不过,怎么办呢?好办,只要您是本地人,只要您能在那家点心铺附近任何的一家店铺找到一两个店主做保人,然后只要您留下欠条,您就能把甜粿拎走,以后每个月领了工资,您都要记得去点心铺还账就成。您什么时候还清剩下的八百元钱,人家什么时候把欠条还给您。您如果赖账,人家点心铺也不怕,跑了和尚跑不了庙,那边还有保人呢,保人要是不还,那他就等着吃官司吧。

还有一种分期付款方式是预付型的,在宋朝叫做"义会",其操作方式是这样的:提前半年左右,定期去某家销售年货的铺子里存款,每月存一点,存到过年,该铺子会将您所预订的年货送到您家。这种付款方式有两大好处:一是每月预存一笔,从牙缝里省一点儿就是了,基本上不影响过日子,比过年时一下子拿不出一大笔钱,急得四处借债要强得多;二是提前向卖家付了款,卖家也得了便宜,自然会在价格上给予买家很大优惠。

《东京梦华录》卷十《冬至》云:"虽至贫者,一年之间积累假借,至此日更易新衣,备办饮食,享祀先祖。"这里所谓"积累假借",指的就是定期预存、分期付款,而不是向亲朋好友借款。

🔥 扩展阅读:包拯年薪千万元

包拯一生干过好多工作,最开始做天长知县,后来做端州知州,再后来做户部判官,再后来做京东转运使,再后来做陕西转运使,再后来做河北转运使,再后来做三司户部副使。从三司户部副使的岗位下来以后,他又回到地方任职,先后在扬州、庐州、池州、江宁等地做一把手。到晚年,他重新杀回京城,做开封府府尹,做御史中丞,做三司使,做枢密副使。最后在枢密副使的岗位上去世。

你知道，知县相当于现在的县长，知州相当于现在的市长，转运使相当于现在的财政厅厅长，三司户部副使相当于现在的财政部副部长，开封府府尹相当于现在的北京市市委书记，御史中丞相当于现在的纪委书记，枢密副使相当于现在的军委副主席。由此可见，包拯做官是越到后来做得越大。

从任职时间看，包拯做的最长的官是大理评事，这是他考中进士之后朝廷封的，是个虚衔，没有实际工作，只拿工资不干活儿。名义上看，包拯在这个职位上干了十年，其实这十年里面包拯压根儿没上班，一直在安徽老家给父母养老和守孝。换句话说，包拯有过长达十年的宅男生涯。

无论元杂剧、明小说，还是后来的京剧和电视剧，一提包拯，往往讲他"倒坐南衙开封府"时怎么样怎么样，似乎包拯在这个位置上干了很多年似的。翻翻包拯的履历，他是宋仁宗嘉祐元年腊月做的开封府尹，嘉祐三年六月就被调回中央做了御史中丞，掰指头一算，在开封府才待了一年半而已。在包拯三十六年的政治生涯（从考中进士那年算起）当中，任职开封府这段经历只占了不到百分之五。

好了，介绍完了包拯的履历，再说他的年薪。

前面说过，包拯做过好多官，而每个官职对应的工资和福利肯定是不一样的。照常理，他年薪最低的时候，应该是戴着"大理评事"的帽子做宅男的那十年，因为大理评事级别很低，另外他又不上班，朝廷至多给他发半俸。而包拯年薪最高的时候，应该是在临终前，据他生前好友吴奎给他写的墓志铭，包拯临终前既是枢密副使，又是朝散大夫、给事中、上轻车都尉，同时还被封为东海郡开国侯，官品和爵位之高仅次于当朝宰相，所以这时候肯定是他一生中拿工资最高的时候。

既然官职不同，薪水就不一样，那么给包拯算年薪这件事就变得非常麻烦。我粗略统计了一下，包拯从考中进士到去世，一共做过四十多个官职，这里面既有只拿钱不干活儿的寄禄官，也有既干活儿又拿钱的差遣官，还有仅代表荣誉和地位的勋官，要是一个个计算起来的话，即使我没烦，您也看烦了。所以我们不妨横切一刀，只取包拯"倒坐南衙开封府"的这个剖面，来分析一下他可能得到的具体收入。

包拯"倒坐南衙开封府"时，头上戴有三顶帽子，即龙图阁直学士、尚书省右司郎中、权知开封府事。"龙图阁直学士"是从三品，没有日常工作，一般是皇帝有学术问题或者政治上的重大问题需要咨询的时候，龙图阁直学士才站出来说两句。在北宋前期的官制里，这种官叫做"侍从官"。"尚书省右司郎中"是从五品，也没有日常工作，既不用去尚书省上班，也不用负责尚书省的任何事务，它只是朝廷给官员计算工资时的一个依据，所以叫做"寄禄官"。"权知开封府事"是包拯的正式职位，"权"是暂时的意思，"知"是掌管的意思，权知开封府事，就是说你本来有别的官职，但是朝廷现在派你去开封府主抓全局，别的活儿你先放放。在北宋前期，像这种由朝廷指派去做具体工作的官叫做"差遣官"。

先说侍从官"龙图阁直学士"给包拯带来的收入。按宋仁宗嘉祐年间颁布的公务员薪水法规《嘉祐禄令》，龙图阁直学士每月有"料钱"，也就是基本工资；每月还有"添支钱"和"餐钱"，也就是补贴；另外每年春、冬两季还能领到一些"衣赐"，也就是布匹。其中料钱每月一百二十贯，添支每月十五贯，餐钱每月三贯，衣赐每年发两次，每次发五匹绫、十七匹绢、一匹罗、五十两绵。

做个小计：包拯作为龙图阁直学士，每年有一千六百五十六贯的货币收入，还有十匹绫、三十四匹绢、两匹罗和一百两绵的实物收入。

再说寄禄官"尚书省右司郎中"给包拯带来的收入。《嘉祐禄令》规定，尚书省右司郎中每月有料钱三十五贯，没有餐钱和添支，而衣赐也是每年发两次，每次各发三匹绫、十三匹绢、一匹罗、三十两绵。按照《嘉祐禄令》的工资发放原则，如果一个公务员既有寄禄官的官职，又有侍从官的官职，那么他并不能兼领寄禄官和侍从官的双份薪水，而是哪份薪水高就领哪份。对包拯来说，他的侍从官薪水明显比寄禄官薪水要高，所以他只能领到作为龙图阁直学士的那份薪水。

做个小计：包拯作为尚书省右司郎中，每年的收入是零。

最后看差遣官"权知开封府事"给包拯带来的收入。按《宋史·职官志》，包拯在开封府做第一把手，每月有三十石月粮，其中包括十五石米、十五石麦。此外每月还有二十捆（每捆十三斤）柴禾、四十捆干草、一千五百贯"公使钱"（朝廷发给包拯的可以由他随意支配的小金库）。另外，作为外任藩府的高级地方官，朝廷划拨给包拯二十顷职田，也就是两千亩耕地，允许他每年收租，并且无需纳粮。这两千亩耕地按每亩租米一石估算，每年也有两千石米的进项。再查《嘉祐禄令》，权知开封府事每月还有一百贯的添支，每年冬天又发给十五秤（每秤十五斤）的木炭。

再做个小计：包拯做权知开封府事，每年有一万九千两百贯的货币收入，还有二百四十捆柴禾、四百八十捆干草、十五秤木炭、一百八十石小麦和两千一百八十石大米的实物收入。

现在可以合计出包拯一年的各项收入：两万又八百五十六贯铜钱、两千一百八十石大米、一百八十石小麦十匹绫、三十四匹绢、两匹罗、一百两绵、十五秤木炭、二百四十捆柴禾、四百八十捆干草。

宋神宗熙宁二年，开封米价四百文一石，麦价三百文一石。宋仁宗嘉祐四年，官定绫价一千六百文一匹。宋真宗咸平年间，开封每匹绢最低一千二百文。宋徽宗宣和年间，每匹罗定价四千文。宋仁宗天圣七年，政府规定每两绵不得超过八十五文。宋真宗时某年冬天，政府出售木炭，每秤售价一百文。宋仁宗后期，政府收购柴禾，每捆定价五十文。宋仁宗宝元二年，开封干草最低十九文一捆。

以上是史料中出现的距包拯任职开封府时间较近的物价数据。利用这组物价数据，我们可以把包拯每年的各项实物收入都换成钱，加起来大致是一千又二十二贯。您如果有兴趣的话，不妨验算一下。

一千又二十二贯实物收入，加上两万又八百五十六贯货币收入，总共是两万一千八百七十八贯。这就是包拯任职开封府时的年薪。

当时的两万一千八百七十八贯是多少钱呢？如前所述，开封米价四百文一石，宋朝一石是六十六公升，装米约一百斤，按每斤两块五估算，能卖二百五十元。所以不严格地讲，当时四百文铜钱的购买力和现在二百五十元人民币的购买力是相仿的，每文铜钱折合人民币 0.625 元，每贯铜钱则折合625 元，两万一千八百七十八贯铜钱自然是 1367 万元。

　　单按米价换算就得出包拯年薪千万以上的结论，多少显得有点儿不靠谱。不过据宋徽宗时淮南转运使张根说，他掌管淮南二十个州，每年上缴中央的财税有三十万贯，平均一个州缴税才一万五千万贯。包拯两万贯以上的年薪，比人家一个州每年上缴的税收还要多。这个结论有点儿吓人。

　　宋朝对公务员实行高薪制，这是众所周知的事情。高级公务员如包拯的高薪竟然这么高，这却是大家未必知道的。当您知道包拯曾经年薪上千万以后，也许会为自己没有生在宋朝而遗憾，不然努力考一把进士，然后也做到龙图阁直学士、尚书省右司郎中、权知开封府事，一年也拿他一千多万，可比做什么都强。但我不这么想——上边是富得流油的公务员，下边是穷得掉渣的纳税人，这样两极分化的社会该是多么变态的社会！

宋朝商贩的有奖销售

除了分期付款，宋朝还有一种购买年货的方式，叫作"关扑"，又叫"扑卖"，它类似现在的有奖销售，但是却散发出浓重的赌博气息。

宋朝话本《赵县君乔送黄柑子》讲了一则小故事，非常形象地再现了扑卖的具体场景：

忽见一个经纪，挑着一篮永嘉黄柑子过门。宣教叫住问道："这柑子可要博的？"经纪道："小人正要博两文钱使，官人作成则个。"宣教接将头钱过来，往下就扑。……扑上两三个时辰，再扑不得一个浑成来。欲待再扑，恐怕扑不出来，又要贴钱；欲待住手，输得多了，又不甘伏。

　　某小贩走街串巷卖水果，顾客去买，他先让顾客赌博。怎么赌？掷铜钱，三枚一起掷，掷到地上，看正面朝上还是背面朝上。假如三枚全是背面朝上，叫作"浑成"，表示顾客赢了，可以拿走一篮水果，但无论输赢，每掷一次都得付给小贩两文钱。

　　从数学概率的角度看，那个顾客的赢面是很低的。三枚铜钱同时掷，可能掷出八种结果：

　　正、正、正

　　反、反、反（浑成）

　　正、正、反

　　正、反、正

　　反、反、正

　　反、正、反

　　反、正、正

　　正、反、反

　　在这八种结果里面，只有一种结果是浑成，所以顾客掷出浑成的概率只有八分之一，平均每掷八回才能赢一回。当然，还只能是平均，实际情况有可能比这个还要惨得多，像故事中那个顾客"扑上两三个时辰，再扑不出一个浑成来"，就是典型例证。但是如果他运气特好，第一次就能掷出浑成，付给小贩两文钱，当场就能把一篮子水果拎走，简直等于白捡。

宋朝商贩的扑卖方式多种多样，可以让顾客掷铜钱，也可以让顾客抽签、甩飞镖、猜灯谜。

抽签的玩法较为复杂。譬如说南宋临安有个叫卖卤味的小贩，一手提着一篮子卤味，一手摇着一个大签筒，签筒里共有十二根竹签，每根竹签上都刻着数字，有的刻 1，有的刻 2，有的刻 3，……有的刻 12。

顾客来买卤味，需要先付十文钱，然后从签筒里抽三根竹签出来，假如这三根竹签的数字之和大于 23，就可以拿走一只大卤鸡——花十文钱就能买一只大卤鸡，自然是蛮划算蛮诱人的，所以很多顾客都愿意来抽签。

表面上看起来，23 这个数字并不大，抽中数字之和大于 23 的三根竹签还是很容易的。但是经过计算会发现，顾客的成功率并不高：从十二根竹签中随机抽取三根，共有 220 种组合，用计算机程序将这 220 种组合全部排列出来，数字之和大于 23 的组合只有 53 种，拿 53 除以 220，顾客的赢面不到四分之一。

扔飞镖是最好玩的扑卖方式。一张大圆盘，上画六十四卦，每一卦象上面各贴一只小动物，每只小动物都有黄豆粒那么大。扑卖的时候，小贩跟前放一麻袋葡萄，嘴里嚷道：

"葡萄扑卖了啊，扔飞镖买葡萄，一扔一个准，一尝一口鲜了啊，一文钱扔一次，两文钱打两镖，公平交易，童叟无欺！"您凑过去，给卖主一文钱，接过来绣花针大小的飞镖，对准高速旋转的八卦盘，甩手就是一镖，啪，钉住一小狗。卖主在旁替您加油："打狮子，快打狮子，打准狮子这袋葡萄就是您的了！"可您花了几百文，甩了几百镖，天下的畜牲都让您打遍了，也未必能打到狮子，只好狠狠地瞪一眼小贩，悻悻然而去。

总而言之，无论是哪种扑卖，顾客的赢面都不大，最后赚钱的都是商家。可是有那诱人的奖赏（以超低价格买到钟意物品）激励着，绝大多数顾客还是会前仆后继地参与进来，就像咱们现代人买彩票一样。

鉴于扑卖的赌博性质较重，所以宋朝官方常常禁止，只有到了重大节日期间才会为扑卖大开方便之门，允许所有商家光明正大地引诱顾客上当，同时也给升斗小民一个花小钱博大鱼的机会。如《东京梦华录》载："（新正前后）开封府放关扑三日。"《梦粱录》载："正月朔日，谓之元旦，……街坊以食物、动使、冠梳、领抹、缎匹、花朵、玩具等物沿门歌叫关扑。"食物、衣服、家具、玩具、首饰、幡胜，一切年货均可扑卖，大街两旁热闹非凡，买不起年货的穷人尽可以从腰包里摸出仅有的几文钱，挤上前去碰碰运气。

第五章

除夕守岁

过完了冬至和小年，备齐了年货，扫净了房子，所有人都为新年做好了充分准备，终于盼到了除夕，也就是咱们俗称的"大年夜"。

　　大年夜，旧历年的最后一天，人们放着鞭炮，吃着年夜饭，看着春晚，港澳同胞们则围炉聚宴，全家食甜，晚辈向长辈拜年，长辈给晚辈发红包，然后看看电视，打打小牌，开开心心，团团圆圆，在一派喜气中等待新年的钟声缓缓敲响。

　　这个等待的过程，被我们称为"守岁"。

　　宋朝人也守岁，也要团团圆圆吃顿年夜饭，他们的年夜饭跟今天是否一样呢？守岁的时候又是怎样娱乐的呢？

宋朝的年夜饭

宋朝人的年夜饭非常丰富，七碟子八碗堆满餐桌，有鸡有鱼有荤有素。除此之外，还有必不可少的"馎饦"与"春盘"。

现在北方地区除夕的主食主要是饺子，南方除夕的主食则是汤圆或甜粿，而宋朝年夜饭却以馎饦为主。《岁时广记》卷五《元旦上·食索饼》："京师人家多食素饼，所谓年馎饦，或此之类。"《新编醉翁谈录》卷三《京城风俗记·除夜》："民庶之家以馎饦享先。"陆游《岁首书事》亦云："中夕祭余分馎饦。"可见无论在北宋还是在南宋，都流行用馎饦来祭祖，然后全家老小一起分食。

馎饦其实是很简单的面食，本来由北方游牧民族发明创造，在魏晋南北朝时期传入中原。它最初的做法是这样的：用清水和面，不加酵粉，将面团揉光以后，搓成条状，再掐成半指长的小面段，然后将小面段放入掌心，用另一手的大拇指由近及远这么一搓，将厚厚的面段搓薄，搓成两头翘、中间凹的小笆斗或者两头尖、中间扁的柳叶舟，放在菜羹里煮熟。

进入宋朝，手擀面大行其道（擀面杖早在先秦就已被发明出来，但一直用于做饼，以擀切方式做面的习惯是直到北宋才出现的），手搓而成的原始面食馎饦眼见不是对手，灰头土脸地退出历史舞台，但是宋朝人出于语言上的强大惯性，继续将手擀面称为馎饦。

也就是说，宋朝的馎饦其实就是面条，用菜羹或肉羹煮熟的面条。这种面食做法简易，无需过水，无需打卤，无需浇头，无需菜码，一把面条放入沸腾的羹汤，一会儿就煮熟了，盛出来就可以吃。在南宋中叶，上述做法传入日本，所以日本人也把用羹汤煮熟的面条叫做馎饦。

本书第二章说过，宋朝人过冬至，主食是馄饨，即现在的饺子。过冬至吃饺子，到了除夕却吃馎饦，单从主食上看，冬至的宴席确实比年夜饭还要丰盛，所以北宋就有"肥冬瘦年"以及"冬馄饨，年馎饦"这样的民谚。

介绍完了馎饦，再说说春盘。

春盘最初叫"五辛盘"，将韭菜、芸薹、芫荽洗净，撕开，不切断，在盘子里摆出好看的造型，然后再拌以腊八当天腌渍的大蒜和葱头，最后在这堆蔬菜的中间插一根线香，线香顶端粘一朵纸花即可。因为这盘菜共含五种蔬菜，而且这五种蔬菜都有发散的功效，故此以"五辛"为名。

五辛盘在隋唐时期颇为流行，唐朝人除夕祭祖，供桌上必放五辛盘。祭祀之后，拔掉盘子中间的线香和纸花，转移到年夜饭的餐桌上，全家人一起分享，据说可以祛病，能保来年百病不生。

宋朝生产力相对发达，食物相对丰富，祭祖的春盘不只五辛，也有腊肉和其他蔬菜了。宋朝人喜欢用萝卜和生菜来制作春盘：萝卜去皮切丝，生菜撕成长段，一同摆放到盘子里，绿白分明，煞是好看，再插上纸花和绸花，更有一股喜庆气氛。

除了五辛、萝卜和生菜，别的蔬菜也可以制作春盘。苏东坡有诗云："渐觉东风料峭寒，青蒿黄韭试春盘。"这是用青蒿做春盘。青蒿是一种野菜，叶片青绿细碎，味道清鲜微甜，有清肝明目之功效，俗名"茵陈"。

还有用猪肉和主食制作春盘的。例如《岁时广记》记载，宋朝宫廷厨师将腊肉蒸熟，切成细丝，在盘中摆出花型；或将油饼、馓子、麻花、馒头摆入大盘，垒出金字塔形状，中间插以金银丝扎成的花朵。

在宋朝，春盘的用途颇为广泛，既用于祭祖，又是年夜饭的一部分，到了正月初一早晨，还可以用来"馈岁"——在亲朋好友之间互相馈送。到了立春那天，春盘更是每家每户的主食。

屠苏酒是什么酒

咱们中国有句俗话：无酒不成席。全家老小其乐融融共享年夜饭的时候，酒是少不了的，喝什么酒呢？自然是屠苏酒。

大家小时候肯定都学过王安石的这首《元日》：

爆竹声中一岁除，春风送暖入屠苏。

千门万户曈曈日，总把新桃换旧符。

春风送暖入屠苏，意思就是全家共饮屠苏酒。屠苏酒是药酒，用多种药材浸泡过的酒。所用药材并不固定，据陈元靓《岁时广记》所载，有一种比较流行的屠苏酒是用大黄、蜀椒、桔梗、桂心、防风、白术、虎杖、乌头等八种药材泡成的。腊月初八那天，采齐八种药材，用红色小袋装起来，扎紧口，上系一根长长的细绳，吊入水井，在井中浸泡一夜，第二天早上，从井里打出一碗水，倒进酒坛，至除夕饮用。由此可见，有些屠苏酒并不是直接将药材泡入酒坛，而是先在水里浸泡，再将浸泡过的水与酒混合。

宋朝没有蒸馏酒，只有黄酒、"红酒""白酒"和"烧酒"。大家千万不要望文生义，以为"红酒"就是葡萄酒，"白酒"就是蒸馏酒，"烧酒"就是高度蒸馏酒。事实上，宋朝的"红酒"是用红曲酿造的酒，"白酒"是用白曲酿造的酒，"烧酒"则是为了延长保质期，将酒坛放在炭火上加热，通过高温来杀死酵母菌和其他微生物而成的成品酒。

这些酒的度数普遍不高，再往酒坛子里勾兑一碗泡过药材的井水，其度数自然会更低。因为度数低，所以女性和小孩都可以饮用。我们看宋话本和宋人笔记，常能见到未出阁的姑娘、五六岁的孩子、白发苍苍的老太太畅饮美酒，大家千万不要以为当时男女老少都嗜酒，只是因为酒精度很低、酒味很甜，酒可以当成饮料来喝而已。例如宋高宗的亲生母亲韦老太后每日必饮酒，宋高宗让临安府专门酿酒给她喝，每月送她二十五斗，折合今日百斤有余。一个月饮酒百余斤，老太太难道是刘伶转世？自然不是，酒的度数太低罢了。

闲言少叙，接着介绍宋朝的屠苏酒。

如前所述，宋酒度数低，屠苏酒掺了水，度数更低，所以宋朝人吃年夜饭的时候，由老至幼，无人不饮。

咱们现代人吃年夜饭，通常都是晚辈向长辈敬酒，长辈给晚辈发红包。宋朝则不然，那年月流行长辈向晚辈敬酒，年龄越小、辈分越低的家庭成员，饮用屠苏酒的次序越靠前。

宋人郑望之写过这样一首诗：

可是今年老也无？儿孙次第饮屠苏。

一门骨肉知多少，日出高时到老夫。

写这首诗的时候，郑望之已经是家里年龄最大的长辈，全家百余口人，聚在一起吃年夜饭、饮屠苏酒，先从最小的孙子开始举杯，轮到郑望之喝酒的时候，都已经是大年初一的早上了。

苏辙也在诗里描写过饮用屠苏酒的场景：

年年最后饮屠苏，不觉年来七十余。

十二春秋新罢讲，五千道德适亲书。

苏辙晚年隐居豫南，与儿孙共住，年年同饮屠苏酒，他总是最后一个。为什么？他是一家之主，年纪最大、辈分最长嘛！

宋朝人平日敬酒的规矩跟今天一样，也是先长后幼，表示敬老，可是到了吃年夜饭的时候，敬酒的次序就反过来了。究其原因，主要是因为老人每过完一个春节，就离死亡更近了一年，所以先让小孩子喝，祝贺他们又长了一岁，到最后才向老年人敬酒，以免引起他们的悲伤。从这种奇特的敬酒风俗之中，我们可以感受到宋朝人的温情和细心，感受到一股浓浓的人情味儿。

🐇 扩展阅读：贵妃醉酒

京剧里有一部《贵妃醉酒》，唱的是杨玉环摆好酒宴，准备跟唐明皇小酌，却被唐明皇放了鸽子，气得一个人喝闷酒，喝大了，一边发牢骚，一边发酒疯。我喜欢的京剧名旦史依弘老师唱过这一段，"人生在世……如春梦，且自开怀……饮几盅……"醉眼朦胧，醉态可掬，唱得很媚，很到位。

记得小时候还在影幕上看过一部越调《白奶奶醉酒》，剧情已经想不起来了，只记得一个白胖老太太开怀畅饮，先用小杯，再换大杯，最后用酒碗喝，喝得酩酊大醉，看人都是重影，一个人变成三个人。

现在酒风不振，男酒鬼的数量每况愈下，女士们喝酒更是矜持，要喝也是在酒吧里喝点儿洋酒，喝的只是情调，跟酒瘾无关。可是在古代中国，女性饮酒就太常见了，至少在唐宋元明四朝，绝大多数已婚女士都喜欢喝上几杯。《贵妃醉酒》和《白奶奶醉酒》都是戏，不是历史，容我举出宋朝历史上的两个例子。

头一位女士是宋哲宗的皇后，姓孟，闺名失考，特爱喝酒。宋哲宗倒并不讨厌她喝酒，还允许她自己酿酒喝（宋朝后妃多擅造酒，北宋张温成皇后、郑坤仪皇后和刘明达皇后造的酒天下驰名），只是有一回她喝酒太多，发了酒疯，乱打宫女，把哲宗惹翻了，被打入冷宫。后来北宋灭亡，孟皇后跟着皇室南渡，新即位的宋高宗尊称她"太母"，每月还让人送给她一万贯零花钱和一百斤好酒。她薨逝以后，高宗对臣子说："太母恭慎，于所不当得，分毫不以干朝廷。性喜饮，朕以越酒烈，不可饮，令别酝，太母宁持钱往沽，未尝肯直取也！"（《宋会要辑稿》后妃二之三。）意思是夸孟皇后很守本分，从来不乱花朝廷的钱，她喜欢喝绍兴酒，我告诉她绍兴酒度数太高，不要再喝了，让人给她酿造别的酒，她过意不去，自己掏钱去外面买酒喝。

再一位是宋高宗的亲娘韦太后。韦太后曾经被金兵俘虏到北国将近二十年，绍兴十二年宋金议和，宋高宗跟她母子相见，痛哭流涕，问她喜欢什么，她说好久没喝家乡酒了，宋高宗当即命令"临安府每月供奉皇太后法酒一石五斗，法糯酒一石"（《宋会要辑稿》后妃二之九）。每月二十五斗佳酿，肯定够她老人家喝一气儿了。

爆竹和爆盐

中国人到了重大节日喜欢放鞭炮，特别到了除夕，更是鞭炮齐鸣，天地间弥漫着刺鼻的火药味，嘈杂的爆炸声无孔不入。

宋朝同样如此。《武林旧事》云："至除夕，……仪烛贲糁盆，红映霄汉，爆竹鼓吹之声，喧阗彻夜。"家家户户燃放鞭炮，并用糁盆满贮炭火，火光映红夜空，鞭炮响彻霄汉。

鞭炮古称"爆竹"，之所以有这个古称，是因为在鞭炮尚未发明出来的时候，人们确实用火烧竹，使竹子爆开，发出噼噼啪啪的声音。宋朝火药技术发达，上至攻城的巨炮，下至贺节的鞭炮，都极大丰富。据《武林旧事》记载："殿司所进屏风，外画钟馗捕鬼之类，而内藏药线，一爇连百余不绝。"说明宋朝工匠已经能制造出百余响的长挂鞭炮了。

《武林旧事》的作者是南宋人，名叫周密，此人另有一本著作《齐东野语》，提到这么一则宫廷秘闻：

> 既而烧烟火于庭，有所谓"地老鼠"者，径至大母圣座下，大母为之惊惶，拂衣径起，意颇疑怒，为之罢宴。穆陵恐甚，不自安，遂将排办巨珰陈询尽监系听命。黎明，穆陵至陈朝谢罪，且言内臣排办不谨，取自行道。恭圣笑曰："终不成他特地来惊我，想是误耳，可以赦罪。"于是子母如初焉。

文中"穆陵"是宋理宗，"大母"是在宋理宗刚即位时垂帘听政的杨太后。宋理宗少年登基，非常淘气，过年时在宫里燃放一种名叫"地老鼠"的焰火，只见"地老鼠"冒着火光嗞嗞飞窜，突然一拐弯，窜到了杨太后的座位下面，把老太太吓了一大跳，气愤愤地走了。这个杨太后可不是好惹的主儿，《宋史》上说她"涉书史，知古今，性复机警"，读书多，智商高，心眼儿多得很。当年宋宁宗最宠信的权臣韩侂胄就是被她设计杀死的，甚至连宋理宗的皇位都是由她矫诏拥立的，理宗当然知道她的厉害，唯恐她因此废掉自己，赶紧将过错推到采办焰火的大太监头上，第二天早上又亲自向她道歉，终于得到了老太后的原谅。通过这则秘闻可以看出，宋朝非但能造百余响之鞭炮，且已发明相当精巧的焰火。

但是正如本书第四章《分期付款买年货》所言，宋人有贫有富，富人穷奢极欲，穷人一文不名，鞭炮再为普及，焰火再为精巧，总有一些人是买不起的。没有鞭炮怎么过年呢？只好恢复传统，恢复鞭炮尚未发明之时的老风俗，用爆竹来代替鞭炮。

北宋庄绰《鸡肋编》有云：

> 澧州除夜，家家爆竹，每发声，即市人群儿环呼曰："大熟！"如是达旦。

澧州今属湖南常德，那个地方的贫民买不起鞭炮，除夕之夜往火盆里扔竹竿。竹竿虽然能发出类似鞭炮的爆破声，但其声音终归不连贯，隔上三五分钟，才会发出"啪"的一声。守岁的小孩子在火盆旁边围着，就为了听到爆破声，每当听到一次，他们就兴奋地高喊："大熟！"听，竹竿又爆了，恶鬼吓跑了，来年的庄稼一定会有好收成啦！

受中原文化影响，北宋前期的邻国大辽到了除夕也要弄出些响动来驱赶恶鬼。可是辽国的火药技术落后至极，连加工双响炮的水平都达不到，辽国皇帝过年时燃放的烟花全是从宋辽边境所设的互市上买到的，因为本国人不会制造。

没有鞭炮，无妨爆竹，问题是辽国疆域大半为苦寒之地，不长竹子。既缺鞭炮，又缺竹子，怎么驱鬼呢？答案是爆盐：将粗大的盐粒扔进火盆，一样能发出噼噼啪啪的声响。

大人睡觉，小孩守岁

宋仁宗嘉祐八年(1063年)春节，苏东坡在陕西当地方官，不能回乡与父亲团聚，为抒思乡之情，曾经写诗三首，分别为《馈岁》《别岁》与《守岁》，诗前有一段小序：

岁晚，相与馈问，为馈岁；酒食相邀，呼为别岁；至除夜，达旦不眠，为守岁。蜀之风俗如是。

苏东坡的意思是说，宋朝四川人过年，有馈岁、别岁、守岁之风。所谓馈岁，是亲邻之间互送年礼；所谓别岁，指亲朋好友互请赴宴；所谓守岁，指的当然是除夕一夜不睡。

事实上，非但四川有守岁之风，宋朝各地均是如此，所不同的只是谁来守岁。

101

按苏东坡《守岁》诗："儿童强不睡，相守夜欢哗。晨鸡且勿唱，更鼓畏添挝。"其四川老家是让儿童守岁。

可是苏东坡的学生晁补之却唱道："愿儿孙尽老，今生祝寿遐昌，年年共同守岁。"可见在某些地方也有全家老小共同守岁的习惯。

就宋朝大部分地区而言，除夕守岁的规矩应该是小孩值夜而大人休息。如《武林旧事》云："小儿女终夕博戏不寐，谓之守岁。"《新编醉翁谈录》云："是夜（除夕），京师民庶之家，痴儿骏女多达旦不寐。"小孩子兴高采烈，围着火盆放鞭炮、吃甜食、耍铜钱，熬一个通宵，他们的父母却无需如此，尽可以早早地上床休息。

如此奇俗看似不合情理，实则大有学问。

第一，小孩子盼望过年，喜欢过年，吃完年夜饭，兴奋劲儿刚刚开始，如果勉强他们上床睡觉，未必能成功。而大人们在此之前整日奔忙，为过年操劳了好些天，到了正月初一还要四处拜年和迎送宾客，除夕应该好好休息。

第二，新正拜年，规矩颇多，小孩子不懂。非但不懂，还喜欢七嘴八舌，上蹿下跳，给大人添乱。为了不让他们添乱，最好让他们大睡一觉。怎样才能让他们大睡一觉呢？最好的方法莫过于诱导他们去守岁了。

第三，大人出门拜年，小孩会闹着跟随，而凡有小孩跟随，被拜的一方遵照礼节必须给孩子压岁钱。如此一来，拜年的一方不像是纯心拜年，倒像是带着孩子到处跟人讨红包，颇有瓜田李下之嫌。为了避嫌，外出拜年最好不带孩子。可是如果不带孩子，孩子会哭闹，怎样能让他们不哭闹？最好的方法仍然是让孩子熬上一宿，第二天呼呼大睡。

第四，从大年初一到大年初三，朝廷解除禁令，官街两旁用红漆木栅栏隔离出一眼望不到边的玩具摊、糖果摊、小吃摊、游艺场，对孩子的诱惑极大，假如大年初一出来玩耍，必定跟父母闹着要钱买东买西，使大量铜钱迅速吻别父母的钱包。为了保住钱包里的铜钱，最好的方法仍然是让孩子守岁，第二天起不了床。

不过宋朝人很含蓄，绝对不把这四条"好处"明明白白解释给孩子听，他们只是三百年如一日地坚持向孩子传播一条民谚："守冬爷长命，守岁娘长命。"冬至头天晚上不睡觉，能让爸爸长寿；新正头天晚上不睡觉，能让妈妈长寿。我的小宝贝，你想让爸爸妈妈多活两年吗？想。那还不赶快守岁去！

第六章

贴年画

中国人过年，除了那极少数遭逢丧事、孝服未满的家庭以外，大家都要在自家房门甚至单位大门上贴年画、贴春联。这项工作通常都是在新正之前完成的，大年初一还没到，全新的年画和春联就贴上去了。

宋朝则不然。

宋朝人除了贴年画、贴春联，还要在门上鼓捣出许多别的东西，例如桃符和桃板，这些东西让我们现代人感到陌生，感到莫名其妙。

另外，宋朝人贴年画的时间比较晚，到了大年初一早上才去做这件事。乍看上去，宋朝人有些懒，有些磨叽。可是如果探寻其文化内涵，会发现他们比我们还讲究，比我们还认真，比我们还要"讲科学"。

宋朝流行哪些年画

宋朝流行三种年画。

第一种，俗称"门神"。门神以武将居多，如秦琼、敬德、关羽、张飞、卫青、马援……这些在中国历史上声威赫赫的名将，统统被雕版印刷，制成门神，贴到了宋朝人的大门上。据岳飞的孙子岳珂介绍，在宋孝宗为死去的岳飞平反昭雪以后，岳飞也成了南宋民间最流行的门神之一。

第二种，俗称"钟馗"。钟馗是一名法力高强的神仙，传说成神之前是唐朝书生，因为奸臣当道，考进士时金榜落第，一怒之下撞死在金殿上，然后就被封为神仙，负责斩妖除魔，其法力要远远超过那些历史上的武将，所以宋朝人也把钟馗做成了年画，甚至还把钟馗的妹妹画到了年画里，俗称"钟馗小妹"。

钟馗小妹名叫钟花，死后也成了神仙。钟馗擅长捉鬼，钟花则喜欢吃鬼，将小鬼当零食，一天能吃几十只，把她的画像贴到门上，自然也能挡住邪祟：小鬼想进门害人，刚走到大门口，抬头瞧见钟馗小妹，唉呀妈呀，这个煞神怎么在这儿？千万别被她一口吃了，赶紧跑！

无论是武将年画，还是画着钟馗兄妹的年画，都属于防御型的，寓意都是驱鬼避邪，保护人类。此外还有一种年画，不为防御，只为讨个好意头，如宋人笔记中常常提到的"财门钝驴"和"回头鹿马"就属于这种年画。

财门钝驴是一头驮着两大筐干柴的胖驴。因为胖，所以迟钝，故名"钝驴"。又因为这头钝驴驮着干柴，"柴"与"财"谐音，故名"财门钝驴"。过年的时候在大门上贴一张财门钝驴，寓意来年发大财。

回头鹿马是一只扭头回望的鹿。"鹿"与"禄"谐音，把这只鹿贴到大门上，寓意禄神照命，孩子长大了能做官。

时至今日，财门钝驴和回头鹿马均已失传，我们现代人更喜欢那种画着胖娃娃抱金鱼的年画，寓意年年有余。画虽不同，讨取吉利的意图跟宋朝是一样的。

从桃板演化而来的春联

鲁迅曾经说过：世上本来没有路，走的人多了，也就成了路。

套用同样的句式，我们还可以这样说：世上本来没有春联，浪费的木头多了，也就有了春联。

宋朝以前，中国人过年最多贴贴门神（而且门神问世并不算早，直到唐朝才渐渐普及贴门神的年俗），是不贴春联的。不贴春联贴什么呢？挂桃板。

桃板是用桃木锯成的两块薄木板，长二三尺，宽四五寸，厚不足半寸，上刻神像，下书文字，一左一右挂在门框之上，很像现在的春联。

109

桃板不费纸，可是费工，费木头。古代没有机床，雕刻全靠手工，即使让巧手工匠出马，雕两块桃板也需要小半天时间。全国那么多人家，每户人家过年都挂桃板，需要多少工匠？又需要砍伐多少棵桃树？既劳民伤财，又破坏生态，实在不可取。

五代十国时期，蜀国君主孟昶较为风雅，他觉得在桃板之上雕画神神鬼鬼太俗，独出心裁，在桃板上写了一副对联："新年纳余庆，嘉节号长春。"据说他的这副对联就是中国历史上最早的春联，而他写过的桃板也成了后世纸质春联的鼻祖。

进入宋朝，造纸术和印刷术空前发达，开始有博雅之士用纸张代替桃板，直接在纸上写春联或者印春联。纸张比桃板便宜，比桃板更容易获得，在纸上写字也比在桃板上刻字简便得多，于是真正的春联就流行起来了。

当然，传统是有强大生命力的，当春联盛行之时，桃板并没有立即退出舞台。在宋朝的广大地区，桃板曾与春联长期共存，既有人贴春联，也有人挂桃板，甚至还有人既贴春联又挂桃板。读者诸君想必都见过古典住宅的大门：出入口被屋檐和墙垛围合出一个错落有致的门洞，大门两侧是门框，门框的外侧还有墙垛，门框上贴春联，墙垛上挂桃板，兼收并蓄，互不影响。

千篇一律的横批

现在的春联都有横批，宋朝的春联也如是。现代人买春联，横批包括其中，而宋朝的横批却是单独出售，而且横批上书写的内容几乎都一样。究竟是什么内容呢？四个字："顺天行化"。不管上联和下联是什么内容，横批都用这四个字。

比方说我们在春节期间穿越到宋朝，走街串巷四处逛逛，随便来到一家门口，上联"福如东海长流水"，下联"寿比南山不老松"，横批"顺天行化"。再来到一家门口，上联"春回大地财源旺"，下联"福满人间事业兴"，横批竟然还是"顺天行化"！

为什么非要用这四个字呢？跟宋朝的医疗卫生有关。跟

111

现在比，宋朝医学自然是非常落后的，落后到什么地步呢？每年春天都可能闹瘟疫。设若一家染上瘟疫，一村人都可能染上瘟疫；一村人染上瘟疫，一个乡的人都可能染上瘟疫。病毒传播很快，防治很难，一到春天就有大批人死去，搞得人心惶惶，视瘟疫如洪水猛兽。

时人没受过现代教育，在他们心目中，每一场瘟疫都是上天施行的惩罚，所以瘟疫在宋朝又被叫作"天行症"。而他们预防天行症的方法，就是在门楣上贴出"顺天行化"四个大字，向上天表示顺服和忏悔，请求玉皇大帝不再降灾于人间。于是乎，这四个字就成了唯一的横批。

横批要贴在门楣上，门楣高高在上，又是横向的，所以叫"天行"。在"天行"上粘贴一张"顺天行化"的帖子，这帖子自然就成了宋朝人口中常说的"天行帖子"，又叫"天行贴儿"。

《武林旧事》与《东京梦华录》等宋朝风俗宝典之中均有新年购买天行贴儿的记载，以后大家再读到这几个字，无须感到陌生，无非就是横批罢了。只是这些横批非常单调，千篇一律，其间饱含着芸芸众生对疾病的恐惧、对上天的敬畏。

桃板不是春联，桃符更不是春联

王安石诗云："千门万户曈曈日，总把新桃换旧符。"
意思是家家户户都换上新的桃符。

桃符是什么东西？清朝人富察敦崇在《燕京岁时记》中
说："春联者，即桃符也。"他把桃符当成了春联的早期形态。

其实春联的早期形态并不是桃符，而是桃板。

《岁时广记》卷五《元旦上·写桃板》载："桃符之制，
以薄木板，长二三尺，大四五寸，上画神像、狻猊、白泽之
属，下书左郁垒右神荼，或写春词，或写祝祷之语，岁旦则
更之。"

《岁时广记》卷五《元旦上·插桃梧》载："梧，大杖也，

取桃为之，以击杀羿。由是以死，鬼畏桃。今人以桃梗径寸许，长七八寸，中分之，书祈福禳灾之辞，岁旦插于门左右地而钉之。"

《岁时广记》是宋朝人写的，宋朝的大门上既有年画和春联，还有桃板和桃符，所以该书作者陈元靓能把桃板和桃符的样子写得很详细。根据陈元靓的描述，桃板是两块长达二三尺的薄木板，而桃符则是两枚长仅七八寸的细木条，桃板挂在门框之上，桃符却竖插在门框下面的泥土里。

可以想见，桃符与桃板是两回事，桃板如今进化成了春联，桃符却没有进化成任何东西，它已经彻底地消失在历史长河中。至于究竟什么时候消失的，暂时难于判定，不过它肯定早在清朝之前就不存在了，否则清朝人富察氏不至于蠢到将他那个时代的春联当作是早期的桃符。

苏东坡写过一则寓言，题目是《桃符艾人语》，从中还可以确证桃符在宋朝确实存在，且与年画并行不悖。这里抄录全文如下：

桃符仰视艾人而骂曰："汝何草芥，辄据吾上！"艾人俯而应曰："汝已半截入土，犹争高下乎？"桃符怒，往复纷然不已。门神旁解之曰："吾辈不肖方傍人门户，何暇争闲气耶！"

"艾人"是用艾草捆扎的假人，端午之时插在门首。过年了，艾人还没有被人拔走，桃符和门神又粉墨登场。桃符仰望着艾人骂道："你是什么东西？竟敢爬到我头上！"艾人回敬了一句："你都已经半截入土了，有什么资格跟我争论高下呢？"桃符更加生气了，跟艾人唇枪舌剑争吵不休，这时候门神在旁边解劝道："都是傍人门户、不能自立的家伙，谁也不比谁强多少，就别争这种闲气了。"

艾人说桃符"半截入土"，说明桃符并不像春联那样贴在门框上，也不像桃板那样挂在墙垛上，而是插在门口的泥土里。门神故作高深地批评桃符与艾人"傍人门户"，其实它自己又何尝不是傍人门户呢？

行文至此，大家眼前想必已经浮现出宋朝新年民宅门口的景象：一座门楼，两扇大门，门上各贴一幅年画，门框各贴一幅春联，门框外侧的墙垛上各挂一块桃板，桃板与春联下方的地上各插着一枚桃符。再往门楣上瞧，还有一则横批，上写四个字：顺天行化。

为什么要等到大年初一才贴门神

陆游诗云："中夕祭余分馎饦，黎明人起换钟馗。"除夕用馎饦祭祀祖先，继而全家分食馎饦，到了第二天，也就是大年初一，天刚刚亮的时候，赶紧起床贴门神。

咱们现代人贴门神，要么在腊月二十九，要么在腊月三十，近年来还能见到一些急性子的朋友，在腊月二十八之前就把门神给贴上了。据某些命理大师讲，贴门神也是要讲究好日子和好时辰的，五行缺水的人应该选择水日，五行喜火的人应该选择火日。如今还有人将贴门神的时间跟星座挂上钩，白羊座适合什么时辰，射手座适合什么时辰，都有一番学问。估计再过几年，兴许会有人一入腊月就开始贴门神，不为别的，就为迎合自己的八字和星座。

宋朝人并非不信命，事实上，宋朝是八字推命刚刚盛行的朝代（此前的朝代只流行六字推命，即只用年月日排盘，不考虑时辰），痴迷此道的士大夫多如过江之鲫，如范仲淹、欧阳修、沈括、王安石等学问淹博之士，都对推命之学深信不疑。可是宋朝人并没有"聪明"到把门神跟命相扯到一处，他们无论水命还是火命，都不约而同地选择在新正早晨更换门神。

门神之所以诞生，最初是为了驱鬼，不让各种神怪进门。所谓"各种神怪"，不仅仅限于恶鬼，也包括家中的百神，甚至还包括祖先的鬼魂。如果像我们现在这样，新正之前就贴上门神，恶鬼进不来了，祖先也进不来了。您把祖先挡在门外，除夕祭祖不等于白祭了吗？供桌上摆满了香烛、春盘和馎饦，就为了让祖先享用，祖先正要进门，却被秦琼、敬德、神荼、郁垒以及捉鬼的钟馗和吃鬼的钟馗小妹吓得连连倒退，扭头就跑，这不等于捉弄祖先吗？

祖先进不来，灶君也进不来。您想啊，灶君在腊月二十四上天述职，到了除夕那天，他老人家兴冲冲地重返工作岗位，一进门，门神横刀立马挡了大驾，他还得再回到天上，向玉皇大帝申请一张特别通行证，麻烦不麻烦？

宋朝人懂得这个道理，所以他们选在大年初一贴门神，那时候祖先已经享完了供享，灶君已经回到了岗位，赶紧把门神贴上，挡住外面的恶鬼。

当然，祖先的鬼魂未必存在，灶君也是世人虚构出来的神灵，可是既然我们郑重其事地祭祀，就应该做到"祭神如神在"。从这一点上说，宋朝人比我们懂规矩。

🐉 扩展阅读：从六字到八字

很多朋友都以为，算卦就是算命，算命也是算卦，只不过一种迷信两个叫法罢了。其实，算卦和算命还真不是一回事儿。

比方说，您挤地铁，丢了钱包，问我能不能找回来。我会摸出仨铜子儿，掷在地上。两正一反（带年号那面为正，不带年号那面为反），记一个"阳"；两反一正，记一个"阴"；全是正面，记一"老阳"；全是反面，记一"老阴"。按照这套规则，连掷六次，得到六个阴阳，组成一个重卦，然后翻易经，查出那个重卦的意思，再告诉您，那钱包究竟是被盗了，还是被忘在家里压根就没带出来。

这是算卦。

再比方说，您家里添丁，得了一大胖小子，又跑来问：孩子将来前程如何？这次我不掷铜板了，改让报出小家伙的出生时间：哪年哪月哪天几点；然后掐指头或者翻黄历，把年月日时换算成干支，也就是甲乙丙丁子丑寅卯那些；再把干支换算成五行，也就是金木水火土那些；再然后，根据五行的生克关系，分析您孩子的性情脾气，看他将来是适合登台 PK 做快男呢，还是适合开着战机去反恐。

这是算命。

所以算卦和算命不一样，前者拿周易做理论基础，在"心诚则灵"的指导思想下，借助偶然事件预测未来；后者拿五行做理论基础，在"天人合一"的指导思想下，借助出生时间预测未来。

算卦得出的结果是偶然的，就像扔铜钱，完全建立在概率之上；算命得出的结果也是偶然的，但其偶然跟外在的铜钱无关，而取决于出生的时间。所以每算一次卦，都可能有一个结果，但是不管算多少次命，排出来的干支和五行都是一样的。也因为这个缘故，迷信的中国古人会为找不到钱包这种偶然事件去算卦，而一旦涉及终身大事，都要通过算命来预测。

《金瓶梅》第六十一回，李瓶儿身染重病，久治不愈，请了一吴神仙算命。那吴神仙先问生辰年月，知道李瓶儿生在某年的农历正月十五中午十二点左右，就把算盘一打，说道："这个命，辛未年，庚寅月，辛卯日，甲午时。"这位吴神仙说的"辛未年"，是指李瓶儿出生那年的干支是辛未，

"庚寅月"指出生那月的干支是庚寅，"辛卯日"指出生那天的干支是辛卯，"甲午时"指出生时辰的干支是甲午。年、月、日、时，各有一组干支，合起来八个字，不管算健康还是算爱情，都在这八个字的基础上推衍开去，所以算命又叫"推八字"或者"排八字"。

窦娥女士曾经唱道："莫不是八字儿该载着一世忧？谁似我无尽头，须知道人心不似水长流。我从三岁母亲身亡后，到七岁与父分离久，嫁的个同住人，他可又拔着短筹！"（《窦娥冤》第一折）

打小没了娘，父亲不在身边，刚出嫁，爱人又死了。苦不苦？苦极了。为啥这么苦？看来是命定。窦娥这时候是信命的，如果她对面站一算命先生，我猜她会像瞧见老天爷那样扑过去，请人家排排八字，看这辈子可还有翻身的机会。前提是，她钱包里还有几块钱可以付账。

窦娥生活在元代，那时候流行排八字；李瓶儿生活在明代，那时候同样流行排八字；如果您留心一下《红楼梦》还能发现，在清代谈婚论嫁，排八字也是必不可少的一道工序，其严格程度不亚于登记之前做一回婚检。此外两宋人民也排八字，这在宋人笔记中可以找到大量证据。而在北宋之前，不管您翻正史还是读小说，都不可能找到排八字的记录。倒不是因为北宋之前的人不喜欢算命，而是因为那时候还没有八字这种说法。

现存的史料足以证明，早在唐朝就有通过出生时间算命的习惯，但唐朝人只依据生年、生月和生日（参见《李虚中命书》），少了生辰那组干支，只能排出来六字。到五代末北宋初，有位徐子平老先生把生辰补了上去（参见徐子平《珞璏子》），从此排八字算命的方式才宣告诞生。

从概率的角度看，八字确实比六字优越多了。您想啊，这地球六十亿人，如果只用生年来预测，只能每一亿人共享一种命运（假定人的平均寿命是六十岁，且不同年龄的人数平均分布）；如果用生年生月预测，也只能每八百万人共享一种命运；用生年生月生日预测，每三十万人共享一种命运；年月日时都用全了，共享同一命运的只剩两万五千人。可以预见的是，如果我们仍像古人那样迷信，大概还会弄出来排十字的把戏，把出生在哪一分钟也考虑进去，这样每四五百人一个命运，貌似更精确。

第七章

大年初一

过完了除夕，就是大年初一，别名"开正"，又叫"新正"，在宋朝则名曰"元日""元旦"。

宋朝人过年，时间跨度太长：临近冬至就有了年味儿，过了元宵才终于收尾。在这长达两个月左右的马拉松式狂欢中，隔三岔五就有一个小高潮，但最大的高潮还是元日，也就是大年初一。

跟现在一样，宋朝人到了大年初一也要拜年，也要馈岁，也要给小孩子发红包，也会有鼓吹班、子弟团、杂技艺人、傀儡艺人在震耳欲聋的鞭炮声和欢呼声中巡回演出，将新年的喜庆气氛以非常热闹的方式展现出来。

不过宋朝距现在毕竟有些遥远，当时拜年的规矩肯定与现在大不一样，发红包的规则肯定跟今天不尽相同，沿街表演的艺人在装束打扮和演出方式上肯定也会有某些独特之处。

把春节过成万圣节

　　假设您是一个宋朝人，一觉睡到大年初一，早晨起来出门上街。在您打开您家的大门之前，笔者建议您一定要做好充分的思想准备，以免被吓昏过去。

　　开个门而已，怎么会吓昏呢？原因很简单，当您刚刚打开那扇门的时候，门口很可能突然冒出来几只青面獠牙的恶鬼，尖叫着向您猛扑过来！

　　这时候您千万不要怕，您最好从腰包里摸出一把铜钱，朝那些恶鬼撒过去。常言说得好，有钱能使鬼推磨，您只要掏钱，鬼就会撒；您如果不掏钱，鬼会一直缠着您，堵在您的家门口，不让您离开。

125

这世上当然没有鬼，现在没有，宋朝也没有。既然没有鬼，堵在门口找您要钱的这些鬼又是从哪儿来的呢？原来他们都是赶在大年初一早上沿门挨户讨钱的乞丐。

《梦粱录》载：

街市有丐贫者，三五人为一队，装神鬼判官钟馗小妹等形，敲锣击鼓，沿门乞钱，俗呼为"打夜胡"。

"打夜胡"是宋朝方言，又名"打野呵"，本义是指流动艺人沿街串戏，没有固定的演出场地，靠过往观众赏钱度日。乞丐并非艺人，但是作为职业乞丐，身上都有绝活儿，有的会翻跟头，有的会拉胡琴，有的会唱莲花落，有的会戴上面具扮鬼吓人。平日里靠扮鬼吓人讨钱，只能挨一顿打，可是到了大年初一，却能为街坊讨吉利——街坊出钱计他们离开，就等于是真正的恶鬼被赶走了，就可以平平安安过大年了。

《梦粱录》又载：

禁中除夜，呈大驱傩仪，并系皇城司诸班直，戴面具，着绣画杂色衣装，手执金枪、银戟、画木刀剑、五色龙凤、五色旗帜，以教乐所伶工装将军、符使、判官、钟馗、六丁、六甲、神兵、五方鬼使、灶君、土地、门户、神尉等神，自禁中动鼓吹，驱祟出东华门外，转龙池湾，谓之"埋祟"而散。

大年初一头天晚上，也就是除夕当晚，民间小儿女正在守岁的时候，从皇宫里浩浩荡荡开出来一队神神鬼鬼。这批神鬼由御林军和教坊司艺人装扮，可比初一早晨扮鬼讨钱的那些乞丐专业多了。他们除了戴面具，还化了彩妆，身上穿着戏服，手里还拿着兵器和彩旗，有扮天兵的，有扮天将的，有扮判官的，有扮阎罗的，有扮灶君的，有扮土地的，有扮钟馗的，有扮小鬼的，脸上五颜六色，旗帜五彩缤纷，仿佛百神聚会，又像群魔乱舞。

在一阵鼓吹声中，这队人马出了皇宫，绕城游行。假如我们在除夕夜来到宋朝京城，看见迎面走来无数神鬼，真有可能以为选错了时间，没赶上春节，却赶上了万圣节。

从民俗学的角度讲，无论是新正早晨的乞丐扮鬼，还是除夕夜里的神鬼游行，其实都是上古傩戏的遗风。

什么是傩戏？就是用人扮鬼，演一场驱鬼的闹剧，以此来恐吓真正的鬼。

地方官给皇帝寄贺卡

现代中国既有旧历的新年，也有新历的新年（元旦）。按旧历计算，新正应该拜年；按新历计算，元旦也应该拜年，所以咱们现代人一年能拜两回年。

宋朝只有旧历，没有新历，只有新正，没有元旦（虽然宋朝人有时会将新正称为"元旦"，但彼时的元旦并非现在的元旦），可是即便如此，宋朝官员每年仍然要向皇帝拜两回年：冬至拜一次，新正再拜一次。

冬至那天一大早，所有六品以上的京官都要进宫给皇帝拜年，时称"排冬仗"。新正那天一大早，所有七品以上的京官都要进宫给皇帝拜年，时称"排正仗"。

按照宋朝惯例，地方官除非任期已满或者奉有特诏，不能离开任职所在地一步，所以到了冬至和新正期间，他们没办法亲自进宫，但是却要给皇帝写贺卡，并将贺卡提前半月寄到京城。换句话说，宋朝地方官是通过寄贺卡的方式为皇帝拜年的。

贺卡有固定格式，全是用四六骈文写成的猛拍皇帝马屁的吉祥话，读起来非常肉麻。比如说宋哲宗元祐四年（1089年），苏东坡在杭州知府任上为皇帝写的冬至贺卡是这样的：

东方发律，气迎万物之新。南面受图，礼勤三朝之始。惟圣时宪，自天降康。恭惟皇帝陛下，文武生知，圣神天纵。旧邦新命，既光启于前人；大德小心，以昭事于上帝。臣久尘从橐，外领藩符。敢倾葵藿之心，仰献松椿之寿。

宋哲宗年少气盛，刚愎自用，将国家搞得一团糟，苏东坡却要夸他"文武生知""圣神天纵"，文武双全，聪明绝顶，一生下来就英明睿智，伟大正确。

一个月后，新年将近，苏东坡又给宋哲宗写了一份新正贺卡：

月临天统，首冠于三正；气应黄钟，复来于七日。君道浸长，阳德光亨。恭惟皇帝陛下，清明在躬，仁孝遍物。垂衣南面，天何言而四时成；问孝西清，日将旦而群阴伏。蛮夷奔走，年谷顺成。岂惟四海之欢心，自识三灵之阴赞。臣祗应诏命，恪守郡符，身虽在于江湖，颜不忘于咫尺。敢同率土，惟祝后天。

在这份贺卡中，他夸哲宗皇帝"清明在躬""仁孝便物""蛮夷奔走""年谷顺成"，既英明神武，又仁厚慈爱，自从登基以来，将西边的西夏跟北边的大辽收拾得服服帖帖，国内老百姓的日子也越过越好，风调雨顺，五谷丰登，粮食多得吃不完。

写这些贺卡的时候，苏东坡未必是出于真心，可能连他自己都觉得过分虚伪、过分肉麻，可是他还不能不写，因为每一个地方官都要写，不写就是对皇帝的大不敬。

京官进宫大拜年

地方官只写贺卡，属于隔空拜年，京官还要亲自进宫，在极其复杂的礼仪下向皇帝面对面地磕头。

《宋会要辑稿》礼志第八章第二节《正旦贺朝仪》详细记载了宋朝京官进宫拜年的礼节，我用现代白话转述如下：

大年初一，凌晨五点，宋朝最大的宫殿大庆殿外，殿南的空地上站满了文武百官。

在赞礼官的引导下，宰相、副相、枢密使（国防部长）迈着方步进入大殿，走到丹墀之下，然后排成一排，躬身站立，宰相居中，副相和枢密使分列左右。

紧接着，皇太子也走进大殿，他走到宰相、副相和枢密使的前面，选一个靠近御座的位置，躬身站好。

大殿外面，其余官员接受点名，然后按照品级鱼贯入殿。

所有官员入殿之后，赞礼官走到丹墀之下，向空无一人的御座高声通报："警毕！"然后就有一个大太监双手捧着一面金牌跑入后宫，向皇帝通报人已到齐。这时候，皇帝才穿着蟒袍缓缓出来，走到御座前坐下。随侍太监甩一下响鞭，"啪"的一声，整个大殿寂静下来，连咳嗽声都听不到。

赞礼官走到御座前面，给皇帝磕四个头，高呼"吾皇万岁万万岁"，然后退到一旁，躬身站立。

皇太子带头，宰相、副相、枢密使、文武百官一起躬身，齐呼"万岁"。赞礼官朝他们喊道："起居！"他们就一起跪下为皇帝磕头。

赞礼官又喊道："再拜！"皇太子及百官再次磕头。

如此这般反复磕头，直到磕完九次，皇帝会微微点一下头，这时候赞礼官喊道："奉旨放仗！"太子及百官集体谢恩，躬身却步退出大庆殿，为皇帝拜年的大礼宣告完成。

拜完年，天已大亮，百官是不是可以回家了呢？不是，因为他们还要接受皇帝的赐宴，还要陪皇帝观看教坊司艺人的演出。

皇帝赐宴的礼仪也是非常繁琐的。按《宋史》第一百一十三卷记载，皇帝赐百官饮宴的时候，他自己要坐在正殿，面南背北，单人单席，坐龙椅，用黄绫当桌布；太子、亲王、宰相、副相、枢密使、枢密副使、各部尚书以及进京述职的高级将领和高级地方官也坐在正殿上，不过不再是单人单席了，而是聚餐制，每四人或者六人共用一个餐桌，每人坐一个绣墩，用红绫当桌布。这些餐桌分成东西两排，太子、亲王和勋贵们坐东边那排，宰相、副相、枢密使和各部尚书坐西边那排。

级别稍微低一些的文官武将没有资格在正殿吃饭，只能去偏殿，偏殿里的餐桌比正殿里的餐桌矮一些，座位也比正殿矮一些。当你从庄严肃穆的正殿来到觥筹交错的偏殿以后，你会发现偏殿里的吃货整体上比正殿里的吃货矮一头，这当然不是身高的原因，而是坐具偏低的缘故。

级别最低的文官武将连在偏殿吃饭的资格都没有，得去外面走廊里就座。他们的餐桌最矮，坐具也最矮——每张餐桌旁边铺四条毡席，大家只能跪坐在餐桌旁边吃喝，好像穿越到了流行跪坐的两汉魏晋南北朝。

品级不同，所用的餐具也不一样："殿上器用金，余以银。"（《宋史》卷一百一十三《嘉礼四·宴飨》。）宰相、副相、枢密使、皇太子等核心人物陪皇帝在大殿之上进餐，用的是金杯金碗，其余官员在偏殿和走廊里进餐，只能用银杯银碗。

🦌 扩展阅读：陪皇帝看春晚

严格讲，宋朝没有春晚。一个连电视都没有的朝代，怎么可能会有春晚呢？

但是在宋朝的皇宫大内，确实有那么一档节目，一档类似现在春节联欢晚会那样的大型综艺直播节目。这档节目既包括相声，又包括小品，既包括魔术，又包括杂技，既有专业乐队的表演，又有主持人的串场词。

这档节目跟现在的春晚有几点不同：

第一，春晚在除夕开播，而这档节目却是在正月初一的大朝会之后开演；

第二，春晚的观众是全国人民，而这档节目的观众除了皇帝，只有太子、亲王、大臣和各国使臣。换句话说，只有那些进宫给皇帝拜年的小众群体有机会观看。

第三，登上春晚的演员来自五湖四海，有体制内的，也有体制外的，而能在宋朝新正大朝会之后登台献艺的演员却全部归属教坊司管辖，全是吃着财政饭的体制内艺人。

第四，春晚的节目安排和演出节奏主要由导演来掌控，而宋朝这档节目却完全是根据皇帝的饮酒时间来安排的，皇帝每喝完一杯酒，演员们就要更换一套新的节目。

如果您觉得以上表述过于笼统，那么好，下面我来详细介绍。

每年腊月，从初一那天开始，宋朝教坊司的艺人就开始排练了。排练什么呢？当然是排练大年初一那天要为皇帝和大臣们上演的所有节目。

这些艺人的人数很多，赶超春晚。据《东京梦华录》第九卷的说法，"小儿各选年十二三者二百人，……女童皆选两军妙龄容艳过人者四百余人。"不算成年艺人，仅童星就高达六百多人。

初一那天，待文武百官向皇帝起居赞拜结束，皇帝吩咐一声："作乐开宴！"各部艺人就要从大庆殿外山楼下彩棚中鱼贯登场，依次献艺，以助君臣酒兴。

现存宋朝文献没有留存相关的节目单，不过南宋笔记《武林旧事》倒收录了宋理宗寿宴之时教坊献艺的一份节目单，参照《宋史·嘉礼志》与《宋史·乐志》的相关记载，这份节目单的整体结构和表演形式与当时的春晚节目大致雷同，故此抄录如下：

初坐：

第一盏，周润吹筚篥《圣寿齐天乐慢》。

第二盏，潘俊吹笛《帝寿昌慢》。

第三盏，侯璋吹笙《升平乐慢》。

第四盏，余胜击编磬《万方宁慢》。

第五盏，杨茂吹筚篥《永遇乐慢》。

第六盏，卢宁吹笛《寿南山慢》。

第七盏，任荣祖吹笙《恋春光慢》。

第八盏，王荣显吹筚篥《赏仙花慢》。

第九盏，彭先击编磬《碧牡丹慢》。

第十盏，胡宁吹笛《上苑春慢》。

第十一盏，侯璋吹笙《庆寿乐慢》。

第十二盏，刘昌吹筚篥《柳初新慢》。

第十三盏，众人合奏《万寿无疆·薄媚》。

次坐：

奏夷则宫，王荣显吹筚篥《上林春》。

第一盏，齐汝贤吹筚篥《万岁·梁州》，豪俊迈舞头，范宗茂舞尾。

第二盏，陆恩显吹筚篥《圣寿永》，王荣祖弹琵琶《捧瑶卮慢》。

第三盏，李文庆唱《延寿长》，李松弹秫琴《花梢月慢》。

第四盏，俞达弹琵琶《福寿永康宁》（王良卿打拍子），周润吹筚篥《庆寿新》（潘俊故意在旁边吹笛捣乱），朱尧卿击鼓（王良卿打拍子）。

众人进念致语：

伏以华枢纪节，瑶池先五日之春；玉历发祥，圣世启千龄之运。欢腾薄海，庆溢大廷。恭惟皇帝陛下睿哲如尧，俭勤迈禹，躬行德化，跻民寿域之中；治洽泰和，措世春台之上。皇后殿下道符坤顺，位俪乾纲，宫闱资阴教之修，海宇仰母仪之正。有德者必寿，六十个甲子环周；申命其用休，亿万载皇图巩固。臣等生逢华旦，叨预伶官，辄采声诗，恭陈口号：

上圣天生自有真，千龄宝运纪休辰。

贯枢瑞彩昭璇象，满室红光袅翠麟。

黄阁清夷瑶荚晓，未央闲暇玉卮春。

箕畴五福咸敷敛，皇极躬持锡庶民。

（然后杂剧演员吴师贤等人演出《君圣臣贤爨》，合唱《万岁声》。）

第五盏，侯璋吹笙《长生宝》（张亨打拍子），卢宁吹笛《降圣乐慢》，周朝清等《三京下书》《瑶池游》。

第六盏，陈仪弹筝《聚仙欢》（谢用打拍子），刘民和击编磬《尧阶乐慢》，金宝唱《圣花》。

第七盏，余胜击编磬《圣寿永》（王良卿打拍子），吴宣弹筝《出墙花慢》，赵喜表演杂手艺《祝寿进香仙人》。

第八盏，合唱《万寿祝天基》。

第九盏，傅昌宁吹箫《续金蝉慢》，任荣祖吹笙《托娇莺慢》。

第十盏，诸部合奏《齐天乐》。

再坐：

第一盏，杨茂吹筚篥《庆芳春慢》，潘俊吹笛《延寿曲慢》。

第二盏，侯璋吹笙《月中仙慢》，李松弹嵇琴《寿炉香慢》。

第三盏，王荣显吹筚篥《庆箫韶慢》，任荣祖吹笙《月明对花灯慢》。

第四盏，余胜弹琵琶《会群仙》，然后又击编磬《玉京春慢》。何晏喜等演员表演杂剧《杨饭》，然后又合唱歌曲《四时欢》。

第五盏，诸部合唱《老人星降黄龙》。

第六盏，吹筚篥《筵前保寿乐》，独奏。时和等演员演杂剧《四偌少年游》，合唱《贺时丰》。

第七盏，鼓笛曲《六幺令》，卢逢春表演傀儡戏《踢架儿》。

第八盏，吹箫《玉箫声》，独奏。

第九盏，诸部合奏大曲《碎锦梁州歌头》，赵喜表演杂手艺《永团喜》。

第十盏，笛子独奏《庆千秋》。

第十一盏，琵琶独弹《寿齐天》，姚润变戏法《寿果放生》。

第十二盏，诸部合奏《万寿兴隆乐》。

第十三盏，编磬独奏《惜春》，傀儡戏《鲍老儿》。

第十四盏，古筝、琵琶、编磬合奏《缠令神曲》。

第十五盏，诸部合奏《六幺》，赵喜表演巧百戏。

第十六盏，管下独吹《柳初新》。

第十七盏，鼓板，姚润舞蹈《寿星》。

第十八盏，诸部合奏《梅花伊州》。

第十九盏，吹笙《寿长春》，独奏，卢逢春表演傀儡戏《群仙会》。

第二十盏，吹筚篥《万花新》。

看完这份冗长的节目单以后，我们会对宋朝宫廷宴会上的大型演出有一个基本了解。

首先，整场演出分为"初坐"、"次坐"、"再坐"三个部分。初坐是指君臣开宴；次坐是指大家喝了很多酒、吃了很多菜、看了很多表演，需要去厕所方便一下，稍作调整之后，宴会继续进行；再坐的意思与此类似。

其次，演出节奏完全是依据喝酒的节奏，君臣喝一杯酒，演员换一套节目。

再其次，节目类型以乐器演奏居多，但是也有合唱、杂剧、舞蹈、傀儡戏、变戏法、巧百戏等表演形式。

最后，艺人在演出过程中还要时不时地向皇帝献上"致语"和"口号"。

致语与口号均为吉祥话，前者是一段骈文，后者是一首内容浅白、节奏明快的顺口溜。这两种吉祥话常常要由翰林学士来创作（苏东坡文集中就收录了很多致语和口号，说明他屡次受命创作吉祥话），完了交给艺人背熟，在大型宴会上念给皇帝听，使皇帝龙颜大悦。

另据《宋会要辑稿》记载，当艺人向皇帝"恭陈口号"的时候，众杂剧演员还要"齐声打和"。打个比方说，某艺人献唱《好汉歌》，那么其他艺人就要这样"打和"：

大河向东流哇，

天上的星星参北斗哇，

（打和：嘿嘿嘿嘿参北斗哇）

说走咱就走哇，

你有我有全都有哇，

（打和：嘿嘿嘿嘿全都有哇）

……

民间怎样拜年

民间拜年当然没有这么麻烦。

据司马光《居家杂仪》："贺冬至正旦六拜，朔望四拜。"儿孙在家要经常向长辈请安，每月的初一和十五磕四个头，到了冬至和大年初一磕六个头。

磕头的时候，不能光磕不说话，还要"唱喏"。什么是唱喏？就是有礼貌地打招呼。

打个比方说，西门庆跟潘金莲打招呼："娘子别来无恙？"这就是唱喏。潘金莲跟西门庆打招呼："大官人一向安好？"这也是唱喏。告状的民女见了县太爷，趴在地上磕头，边磕边喊："民妇给大老爷磕头了！"也属于唱喏。

电影里的太监见了慈禧，扯着公鸭嗓高喊一声"老佛爷吉祥"，同样是唱喏。宋朝话本《西山一窟鬼》里的小学生在放学时候跟私塾先生告别："教授早早将息。"意思是老师您早点儿休息，还是唱喏。包括老外见面随口说一声"Good morning"或者"What's up"，在宋朝都可以归类到唱喏里去。

拜年的唱喏还可以细分。

按问候的重复次数分，有"唱单喏""唱双喏"和"唱三个喏"之别。譬如学生向老师问候"老师过年好"，只问候一句，叫唱单喏，连喊两声，是唱双喏，如果像复读机一样连喊三声"老师过年好"，就是唱三个喏。宋朝人认为，把同一句问候语说的遍数越多，越表示尊重，所以唱三个喏要比唱单喏礼敬得多。

按问候的内容和语气分，又能分成"唱喏""唱大喏"和"唱肥喏"。咱们现代人拜年，普普通通一句"Happy new year"，只有客气的意思，没有敬重的意思，属于"唱喏"；如果诚心诚意祝福某个小孩"食甜甜乎你快大汉"，不光客气，而且发自肺腑，那就叫"唱大喏"；假如见了多年不见的亲友，情不自禁扑过去拥抱，边拥抱边说"我想死你了"，那就相当于宋朝人"唱肥喏"的层次和意境了。

磕头唱喏是晚辈给长辈拜年的规矩，如果是平辈之间互相拜年，就无需磕头了，只需要作揖或者"叉手"就行了。

叉手可不是指十指交叉，而是用左手的食指、中指、无名指和小指去抓右手的大拇指，将左手大拇指高高翘起来，再将右手的食指、中指、无名指和小指向左下方平平伸开。两只手这样交叉以后，还要悬在胸口，但是不能贴身，要跟前胸保持一点距离，好像是要护住心口一样，这样的礼节就是叉手。

叉手是宋朝男士跟陌生人见面时常用的礼节，该礼节比作揖要轻一些，比磕头就更轻了。百姓见官员要磕头，晚辈见长辈要作揖，而在摸不清对方的身份和辈分之前，叉手是最安全的行礼方式，既能表示客气和尊重，又不会显得过于客气和尊重。

当然，叉手的时候也要唱喏。比如说宋朝两个平辈论交的年轻人在大年初一那天碰了面，他们会停住脚，隔着两三尺的距离相向而立，互相跟对方叉手，边叉手边说"过年好"。

宋朝的压岁钱

咱们中国的老规矩，小孩给大人拜年，大人照例要发给小孩红包，也就是压岁钱。

压岁钱在宋朝不叫压岁钱，它叫"随年钱"。

"随年"有两种含义：第一，在过年的时候发放；第二，根据对方的年龄发放。

《旧五代史·刘铢传》载：

（刘铢）每亲事，小有忤旨，即令倒曳而出，至数百步外方止，肤体无完者。每杖人，遣双杖对下，谓之"合欢杖"；或杖人如其岁数，谓之"随年杖"。

五代十国时期的后晋宰相刘铢专横跋扈，常用大棍打人，有时候双棍齐下，称为"合欢杖"；有时候根据受刑者的年龄来决定打多少，叫做"随年杖"。在这个典故中，"随年"即是根据年龄的意思。

在笔者的老家豫东平原，近年来流行发给孩子 99 元和 999 元的红包，因为 9 这个数字代表"长久"。

宋朝人给小孩发压岁钱则是按小孩的年龄来发的。小明今年虚岁十岁，发给他一个十元的红包；小芳今年虚岁十一岁，发给她一个十一元的红包。年龄不全是偶数，压岁钱自然也不全是偶数。

北宋高僧道原编写的禅宗灯史《景德传灯录》载有一则典故：

昔有施主妇人入院，行众僧随年钱。僧曰："圣僧前著一分。"妇人曰："圣僧年多少？"僧无对。

过年的时候有一位女居士进庙拜香，为众僧发放压岁钱。一个和尚大言不惭地说："女施主，我是圣僧，你要多发给我一份！"女居士问他："您这位圣僧今年多大了？"和尚张口结舌，说不出话来了。

和尚为什么要张口结舌呢？因为当时压岁钱是按年龄来发的，即便是圣僧也不能例外，他想让人家多给他一份压岁钱，人家自然要问他的年龄是不是要比别人大一倍，而他不敢在年龄上撒谎，所以只好默默无言了。

　　这则典故告诉我们，一个人的年龄决定了压岁钱的多少，这也是宋朝人之所以将压岁钱称为"随年钱"的关键原因。

　　不过宋朝还有一种压岁钱是跟年龄无关的，那就是宋朝后妃为皇子挂在床头上以镇压邪祟的那一串压岁钱。据《武林旧事》描述，这串压岁钱乃"随年金钱一百二十文"，将一百二十枚金币串在一起，串成沉甸甸的一大串，祝福皇子福寿绵长，整整活到一百二十岁。

　　今日闽南也有此风俗，俗称"吃百二"，不过现在"吃百二"已经不是皇子独享的福利了，每个小孩子都有可能享受得到。

第
八
章

新年的赌戏

从祭灶到除夕，家中百神上天，自此百无禁忌，扫房子，办年货，娶媳妇，嫁闺女，想干什么就干什么，无需看黄历，日日是好日。

新年一到，禁忌又回来了，不但回来，还比以前更多了。按北宋习俗，从大年初一到正月初五，不宜剃头，不宜洗衣，不宜缝补，不宜清淤，工人不宜上班，农民不宜下田，官老爷不宜问案，读书人不宜温卷，总之各种累人的活计都不应该干，各行各业都应该彻底放松下来好好休息。故此宋朝民谚曰："馋妇思寒食，懒妇思正月。"寒食节不能起火做饭，过节之前必须准备一大堆油炸食品，正迎合馋嘴妇人的心意；正月里不能动针动线，全家老小衣服破了，脱下来扔一边，有空也不去补它，正迎合懒惰妇人的心意。

既然上天要求休息，那咱就休息好了。只是我等凡夫俗子劳心劳力惯了，什么事都不做反倒受不了，为了打发百无聊赖的新年时光，在守完岁、拜完年、发完压岁钱之后，在看腻了满街满巷的鬼脸傩戏和江湖杂耍之后，大家拖着疲惫的身躯回到家中，坐下来，开始赌博。

正月三天开放赌禁

《东京梦华录》载："正月一日年节，开封府放关扑三日。"关扑是带有赌博性质的销售方式，平时不允许，节庆时节明令开放。

《新编醉翁谈录》载："（正月）三日，放士庶赌博。"从正月初一到正月初三，朝廷开放赌博禁令，允许士农工商自由参赌。

宋朝皇帝是很有人情味儿的，明知老百姓过年会赌博，如果派警察上门抓赌，肯定是抓不胜抓。既然抓不胜抓，干脆完全开放，让大家放心大胆地去赌。

149

过年时允许赌博，平时当然就不允许了。

早在北宋初年，朝廷沿用唐朝法律："诸博戏赌财物者，各杖一百。"（《宋刑统》。）赌钱之人逮捕归案，打一百大板。

宋太宗颁布了更为严格的诏令："（赌博）犯者斩，隐匿而不以闻及居人邸舍僦与恶少为柜坊者同罪。"（《宋会要辑稿》刑法二之四。）对赌博者判处砍头的死刑。即使你不赌博，但是发现他人赌博而不举报，或者为他人提供赌博场地者，同样会被判处死刑。

宋理宗在位时，苏州市长（平江知府）兼浙江省公安厅长（浙西提刑）胡颖厉行禁赌，查获居民曾细三及熊幼等人赌博一案，因曾细三主动投案，免予刑罚，但须背插纸旗，游街示众；熊幼拒不自首，被打一百大板，差点儿一命呜呼。同案还有一个开赌场的袁六二，也被打了一百大板，其赌场还被捣毁。此外又有两个闲汉在曾、熊等人赌博时围观，虽未参与赌钱，但因游手好闲，不务正业，竟也受到刑罚，分别被胡颖打了八十大板（此案详情参见《名公书判清明集》卷十四）。

可以想见，在上述严刑峻法的威慑之下，宋朝百姓应该不敢明目张胆地赌博，只有到了大型节庆，例如冬至、寒食与过年的时候，才能放下一切顾虑，开开心心大赌几天。如《武林旧事》载："三日之内，店肆皆罢市，垂帘饮博。"

在政府开放赌禁的三天之内，店铺都关了门，大家守在家里喝酒赌博，煞是开心。

当然，赌博分为两种，一种是真正的赌博，为了赢钱而去赌，俗称"赌钱"，这在平日自然要被官府严厉禁止；此外还有一种纯粹娱乐性质的赌博，不图输赢，只为消遣，像这种比较健康比较阳光的赌博在宋朝叫作"博戏"，即使不逢节庆，官府也是要对它网开一面的。

宋朝人怎样赌钱

宋朝新年最为普及的博戏是"撷钱"：玩家取三枚铜钱（俗称"头钱"），同时掷于地上，视正面朝上还是背面朝上为输赢。

《水浒传》第三十八回，李逵在江州城外小张乙赌房跟人赌钱，玩的就是撷钱：

当时李逵慌忙跑出城外小张乙赌里来，便去场上，将这十两银子撷在地下，叫道："把头钱过来我博！"那小张乙得知李逵从来赌直，便道："大哥，且歇这一博，下来便是你博。"李逵道："我要先赌这一博。"小张乙道："你便傍猜也好。"李逵道："我不傍猜，只要博这一博，五两银子做一注。"有那一般赌的，却待要博，被李逵劈手夺过头钱来，便叫道："我博兀谁？"小张乙道："便博我五两银子。"李逵叫一声，疙瘩地博一个叉。小张乙便拿了银子过来。李逵叫道："我的银子是十两。"小张乙道："你再博我五两，快，便还了你这锭银子。"李逵又拿起头钱，叫声："快！"疙瘩地又博个叉。小张乙笑道："我教你休抢头钱，且歇一博，不听我口，如今一连博了两个叉。"李逵道："我这银子是别人的。"小张乙道："遮莫是谁的，也不济事了。你既输了，却说甚么！"

在这场赌局中，将三枚头钱掷在地上，如果两枚背面朝上、一枚正面朝上，赌行称之为"快"；如果两枚正面朝上、一枚背面朝上，赌行称之为"叉"；如果三枚铜钱均为背面朝上，则叫"纯成"（又叫"浑成"）。李逵如果能掷出一个"快"来，可赢对方五两银子；如果能掷出一个"纯成"，可赢对方十两银子。可惜他手气不济，连掷了两次，两次都是"叉"，一文钱没赢到，反倒输给人家十两。

撷钱的玩法不止一种，像李逵那样每掷一次就要计算一次输赢，属于最简单最直白的玩法，所以《水浒传》中说"李逵从来赌直"。还有一种玩法在南宋很流行，时称"三文十纯"，意思是参赌双方用三枚头钱交替掷，看谁最先得到"十纯"。什么是十纯呢？就是累计出现十次纯成，也就是三枚铜钱背面均朝上的结果累计出现十次。

比"三文十纯"难度更高的玩法是"三文三纯":参赌双方用三枚头钱交替掷,以某一方连续三次掷出纯成为胜出。

三枚铜钱掷在地上,可能出现八种结果,这八种结果当中只有一种是纯成。换言之,一次掷出纯成的概率是八分之一。那么连掷三次均为纯成的概率又是多少呢?学过概率的朋友应该可以算出来,只有五百一十二分之一。这么低的概率,几个玩家从大年初一玩到大年初三,也不一定会有一个人连续三次掷出纯成,最后只能搞得所有人恼羞成怒,愤而掀桌。所以对绝大多数人来说,"三文三纯"的撷钱游戏并不具有吸引力。

宋朝还流行一种名曰"意钱"的博戏。"意"有猜的意思,"意钱"其实就是猜钱。

怎么猜?需要准备四枚铜钱和一个小碗,先将铜钱放在碗里,一手捂住碗口,一手托住碗底,哗啦哗啦摇上一阵,然后迅速倒扣在桌子上,让玩家来猜。

意钱也有几个术语,分别为"叉""快""背间""纯背"。三枚铜钱背面朝上为"叉",三枚铜钱正面朝上为"快",两枚铜钱正面朝上、两枚铜钱背面朝上为"背间",四枚铜钱均朝同一个方向为"纯背"。如果您猜的是叉,把碗翻开,确实有三枚铜钱背面朝上,那您就赢了;可如果不是这个结果，那您就输了。由于完全猜中的概率很小，所以玩这个游戏的时候一定要给玩家设定一个比较有吸引力的奖品，比如说猜不中最多会被刮鼻子，猜中了却能得到一本《在宋朝过的那些年》……

宋朝人怎样玩骰子

明朝人潘之恒在其赌戏著作《六博谱》中写道：

宣和谱，宋徽宗时宫中之戏也，流传人间久矣。当其法，四同之外，以二合之，分而计之，以取盈也。

这段话的意思是说，宋徽宗时宫廷之中流传一种骰子戏，名曰"宣和谱"。这种骰子戏是怎么玩的呢？"四同之外，以二合之，分而计之，以取盈也。"每次掷出六个骰子，若无四骰同色，则不计数；若有四骰同色，则将不同色的二骰点数加起来，对六求余，算出得数，然后再掷，并加上次得数。如果投掷两次得数之和为六，则胜过投掷三次得数之和为六。

没玩过骰子的朋友听了笔者这番解释，可能会更加不知所云，正所谓"你不说我还明白，你越说我越糊涂"了。其实玩法并不算非常复杂，容我举个例子就清楚了。

大家知道，每个骰子都是正六面体，都有六个面，每个面上都有一个或者多个凹点，其凹点的数量最小是1，最大是6。

OK，您拿出六个骰子，哗啦撒到桌子上，待骰子静止下来，其结果必然是各有一面朝上，朝上的那面分别呈现出数目不同的凹点。如果其中有四个骰子朝上那面的凹点数目完全相同（无论是1是2是3是4是5还是6，只要相同就行），那么您就将剩余两个骰子的点数加起来，将相加之和除以6（如果相加之和小于6，无需再除），并记下得到的余数，然后您接着掷骰子，重复上述过程，只要有四个骰子点数相同，就将剩余两个骰子点数相加，用相加之和除以6，再记下得到的余数，并跟上次所得的余数相加……如此这般循环往复，什么时候您所得的余数之和大于等于6了，您就可以停止，记下您所掷的次数，跟其他玩家比较。如果您掷了三次，而其他玩家掷了三次以上，您就可以胜出。

单从计分规则上看，上述玩法有些像打高尔夫球——高尔夫运动中的比杆赛是以最少的杆数打完十八个洞者为胜，而宣和谱这种骰子游戏则是以最少的掷骰次数满足"余数相加大于等于6"这个结果者为胜。

如前所述，宣和谱是宫廷之中流传的骰子戏，宫廷后妃多闲暇，且多冰雪聪明，既有过剩的精力，也有过剩的智力，所以才能把简简单单的掷骰子发展得技术含量越来越高，既要掷骰比点数，又要不停地进行数学运算。如果是李逵那样的市井蛮汉，绝对不会去玩宣和谱，而应该直来直去玩撷钱才对。硬要他们玩骰子的话，肯定也是揎袖攘臂，开宝盅猜大小。

跟李清照打麻将

现代科技日新月异，新年赌戏也日新月异，宋朝时最盛行的撷钱、意钱、掷骰子，现在都没有人玩了。

现代人过年玩什么？玩手机，玩微信，玩LINE，玩脸书，这些虚拟的社交平台玩腻了，才会跟亲朋好友打打小牌，搓搓麻将。想让现代白领学宋朝后妃去玩宣和谱？做梦！打开电脑玩WOW，比掷骰子加计算刺激多了！

不过我们千万不能因为宋朝赌戏不够刺激而将宋朝人看扁，宋朝科技虽远逊于今天，但是宋朝人在游戏上花费的精力和表现出的智力照样能让我们叹为观止。

就拿李清照来说吧，她既擅长填词，又精于收藏，既会掷骰子，又会玩叶子（古代的纸牌游戏），同时还特别喜欢"打马"，并用她优美的文辞和精炼的语言为这种游戏编写了一本入门指南：《打马图经》。

通过李清照编写的《打马图经》可以看出，咱们现代人爱玩的麻将其实正是从宋朝的打马演变而来的：打马先演变为马吊（一种纸牌），再演变为麻将。论辈份，麻将应该喊打马为爷爷，只是因为经过了好几百年的岁月变迁，两者的长相相差甚远，看起来仿佛没有一丁点儿遗传关系。

麻将通常是四个人玩，要么就三个人玩，打马却非常自由，最多可以是五个人，最少可以是两个人。

麻将牌是方形的，上面刻字，打马时用的棋子却是圆形的，中间有孔，外圆内方，状如铜钱，背面刻着造型各异的骏马，正面刻着马的名称，例如"黄骠""赤兔""乌骓""的卢""白驷""青骏"等等。宋朝人管这些棋子叫"打马钱"。

麻将开局，要掷骰子，通常只掷一次，用来决定谁先拿牌。打马也要掷骰子，而且要掷很多次，每走一步，都要掷一次骰子，骰子的点数决定着走子的步数。麻将桌上一般只用两枚骰子，打马却要用三枚骰子。

打麻将不需要棋盘，打马却需要棋盘。它的棋盘跟围棋和象棋都不一样，它就像两只用方格组成的曲尺，曲尺围合的部分是一大片空白，空白四周总共有九十一个方格，每个方格里都写着字。玩家走子的时候，要把那些打马钱放到方格里，从第一个方格开始走，然后按照骰子的点数组合往前挪动，谁最先把自己的打马钱全部挪到最后一个方格，谁就胜出。

下图是我根据《打马图经》画出来的打马棋盘，棋盘上的箭头表示走子的方向和顺序：

在这张棋盘上，标着"赤岸驿"三个字的方格是玩家走子的起点，标着"尚乘局"三个字的方格是玩家走子的终点。从赤岸驿开始走，下一步走到"驸驾"，再下一步走到"叚欻"，然后依次走到"丁果""驾泛""除驹""牝骊""白赭""铁驷""陇西监""铁雅"……再走到"飞龙院""河房""龙天"，然后还要再走过五个"夹"和一个"堑"，最后抵达尚乘局，游戏结束。

现代人看了棋盘上这些晦涩难懂的标注，可能会满头雾水、不知所云，其实它们分别是地名和马名。赤岸驿是国家边境线上的驿站，陇西监是西域的养马场，玉门关是从西域进入中原的通道，汧阳监是陕西的养马场，沙苑监是京城郊外的养马场，太仆寺是京城里给兵部养马的单位，天驷监是京城里给皇室养马的单位，骐骥院是给皇帝养马的单位，飞龙院是皇帝的马厩，尚乘局是侍候皇帝骑马的机关。按照走子顺序，玩家必须把手里的"马"（打马钱）从赤岸驿赶入

太僕寺　絕地　絕塵　絕群　絕足　越影　超光　騰輝　躡景　函谷關　翔羽　飛翻　挾膝　齧膝　噴玉　流珠　曳練　照夜　沙龍監

太僕寺（右列）：騰霜　浮雲　逐電　飛電　追風　奔霄　逐日　奔電　天駟監　強腹　照骨　方口　的盧　蒲稍　逸驃　騰駒　驦子　騏驥院

沙龍監（左列）：祥鳳　景鳥　青龍　赤驥　白兔　赤兔　紫燕　銅雀　沂陽監　綠騏　綠驄　飛黃　中黃　紫黃　群黃　古黃　驪黃　玉門關

赤岸驛　駃駴　欵丁　果駕　泛駼　除駒　牝駼　白騎　鐵驪　驔驕　驨西監

尚乘局　塹　夾　夾　夾　夾　夾　龍　天　河　房　飛龍院

玉門關　九逸　千里　玉花　金埒　玉驄　花驄　鐵驪

飛龍院　驣驤　龍駒　驊騮　驌驦　駷驏　驦騔　騏驥院

——打马棋盘——

玉门关，再从玉门关赶入尚乘局，好比是一员大将率领兵马从塞外杀回京城一样。在即将进入尚乘局的时候，还要经过几个标注"夹"和"堑"的方格，这些方格相当于绊马索和陷马坑，意思是玩家要想得到最后的胜利，还必须突破层层阻碍。至于骓驽、丁果、铁骏、玉骢、千里、九逸等标注，全部都是马的名称，并没有特别的含义。

比如说您跟李清照玩二人打马，每人手里有马二十四（即打马钱二十枚），棋盘已经铺好，两人就座，开始掷骰子。

李清照先掷，她的手气超好，三枚骰子全掷成了六点，三六一十八，表明她可以把手中十八枚打马钱全放入第一格（按照打马的灵活玩法，她也可以用一枚打马钱连走十八步，从第一格赤岸驿走到第十八格"玉门关"）；然后该您掷骰子，您的手气也不错，三枚骰子全掷成四点，三四一十二，您可以把手中十二枚打马钱全放入第一格（或者用一枚打马钱连走十二步）。

然后又是李清照掷骰子，这回坏了，她掷出了一个一点、一个两点、一个三点，三枚骰子的点数加起来是六，是不是表明她可以走六格啊？NO，按照宋朝人打马的游戏规则，掷成这样的组合属于"罚采"，罚采的意思是自己不能走子，还要让对方连走两格。您很开心，立即又往第一格里放下两枚打马钱。刚才您已经在第一格放了十二枚打马钱了，现在又放两枚，十四枚铜钱高高摞了起来，煞是壮观。走完这两子，该您掷骰子，您掷出三个一点，这叫"满盆星"，表明您可以再走三子。

总而言之，打马就是这样玩的，用一句话来概括，无非就是根据骰子的点数组合来移动打马钱，让它们按照固定的方向和顺序前往终点。

既然走子的速度是由骰子来决定的，那么掷骰子的手法在打马过程中自然显得非常重要。由此推想起来，李清照一定特别擅长掷骰子，像她这样的人只要稍微训练一下，就能成为打暗器的高手。

跟司马光比投壶

宋朝有一种游戏比打马更需要暗器功夫，它叫"投壶"。顾名思义，就是拿着竹箭往酒壶的方向投过去，投进酒壶可以得分。

司马光写过一篇《投壶新格》，专门介绍怎样投壶。

他说，投壶之前，先摆酒席。酒席要摆到客厅里，如果客厅太小，就摆到院子里。千万不要在卧室里摆酒席，因为地方太小，没办法投壶。

酒席摆好，大家分东西两排站立，主人站在东边，客人站在西边，双方鞠躬行礼。然后主人发出邀请："我准备了一只破壶、一捆坏箭，咱们玩投壶好不好？"按照规矩，客人得推辞一番："您已经备好那么一大桌酒菜了，怎么好意思再让您受累陪我们投壶呢？"主人说："不受累，不受累，大伙就别推辞了。"客人还得继续推辞："还是算了吧，我们心里真过意不去。"主人坚持邀请，这时候客人得装出一副恭敬不如从命的样子，接受主人的邀请。

如此这般客套完了，主人捧出一捆箭和一只壶，把箭发给客人，把壶安放到酒席南边，距离酒席大约两支箭或者三支箭连起来那么远。然后大伙开始投壶，每人各扔五次，谁把箭投进了壶里，主人就发给他一根或者几根小棍子（筹码）。大家都投完了，最后查查筹码的数量，谁的筹码比较少，就罚谁喝酒。

投壶用的壶是特制的，都是金属制品，很高很大，中间一个壶口，壶口两边还镶着两只空心的壶耳。投壶用的箭也是特制的，比打仗用的箭轻得多，也细得多，必要的时候，还可以用削去刺皮的荆条代替。

投壶有很多种游戏规则，最简单的玩法是每次投一支箭，投进壶口给两个筹码，投进壶耳给一个筹码，投到地上不给筹码。比较复杂的玩法是每次投几支箭，全部投进壶口给两个筹码，一支投进壶口，另外两支分别投进壶耳，给三个筹码，全部投进壶耳给一个筹码，投到地上不给筹码。

作为一种古老的酒宴博戏，投壶不光在宋朝流行，还风靡于其他朝代，从春秋战国一直流行到明朝中叶。但是不知道什么缘故，到了清朝就被扫进历史的垃圾堆了。我猜这跟投壶的礼节太繁琐有关，等主宾客气完了，一桌子热菜全凉了，吃起来不利于健康。另外投壶还必须要有宽阔场地，现在酒店里的包间肯定不行——进深太小，壶得放到门外去，一箭飞出，把端菜的服务员给扎了，算你的算我的？

第
九
章

归宁 送穷 探茧

从正月初二到正月底，宋朝人要做三件事：归宁、送穷、探茧。

　　"归宁"是我们所熟知的：女生出嫁以后，生子以后，以及每逢大型节庆的时候，例如端午、中秋、春节，一般都要回娘家去一趟，此之谓归宁。只不过，现代女生春节归宁，多以正月初二为正日；而宋朝女生春节归宁，却可以选择初二、初四、初六当中的任何一天，倘若娘家父母已过世，则又必须等到初三或者初七回娘家。

　　"送穷"即送走穷鬼之意，这一风俗在关中平原和岭南一带仍有存留，如关中农民多在正月初五送穷，岭南乡间多在正月初三送穷。宋朝送穷又有不同，如北宋开封送穷是在正月初六。

　　俗谚云：三里不同俗，十里不同风。时空不同，风俗会有很大区别，现代人过年，已不懂何谓"人日"，何谓"探茧"，而古人却郑重其事地将正月初一至正月初七依次定为鸡日、狗日、猪日、羊日、牛日、马日、人日。到了人日那天，宋朝人要吃春茧，并由此衍生出一种颇为好玩的家庭游戏：探茧。

归宁未必在初二

首先我们要知道，即使不逢过年，宋朝女生也有在成婚不久即归宁的习俗，归宁的时候还需要有女婿陪同。

孟元老《东京梦华录》载：

婿往参妇家，谓之拜门。有力能趣办，次日即往，谓之"复面拜门"。不然，三日、七日皆可，赏贺亦如女家之礼。

成婚第二天，新郎就要陪着新娘回娘家，如果来不及准备礼物，等到成婚第三天或者第七天也可以。

吴自牧《梦粱录》载：

三日，女送冠花、彩缎、鹅蛋，以金银缸儿盛油蜜，顿于盘中，四围撒帖，套丁胶于上，并以茶、饼、鹅、羊、果物等合送去婿家，谓之"送三朝礼"也。其两新人于三日或七朝、九日，往女家行拜门礼。

成婚第三天，女方父母派人送礼给男家，然后新郎应在收到礼物的当天陪同新娘归宁，归宁时携带的礼物应该跟女方父母送去的礼物同样贵重。如果来不及备办礼物，也可以在成婚第七天或者第九天归宁。

以上两条文献详略不等，内容相似，讲的都是内地风俗。

南宋人周去非著有《岭外代答》，其书记载广西土著归宁之风如下：

岁月之后，女既生子，乃与婿备礼归宁。预知父母初必不纳，先以醨酒入门，父母佯怒，击碎之。婿因请托邻里，祈恳父母，始需索聘财，而后讲翁婿之礼。

男娶女无需聘礼，女嫁男无需陪嫁，双方无媒无聘，自由婚配，婚后也不回娘家探视，直到十月怀胎、一朝分娩，男方才大办彩礼，然后陪着媳妇，抱着婴儿，一家三口去岳父母家走第一趟亲戚。好玩的是，女方父母得知女儿归宁，一定要假装生气，闭门不纳，将女婿送来的酒坛扔到大门外，在女婿托人赔罪并补送彩礼之后，才让他进门。更好玩的是，女婿早知道这一切会发生，所以送给岳父母的第一坛酒一定是又薄又劣的低档酒，简直跟水差不多，以免被岳父扔掉好酒，暴殄天物。

南宋人洪皓著有《松漠纪闻》，其书记载中国东北某部落习俗如下：

贵游子弟及富家儿月夕饮酒，则相率携尊驰马戏饮。其地妇女闻其至，多聚观之。闲令侍坐，与之酒则饮，亦有起舞歌讴以侑觞者，邂逅相契，调谑往反，即载以归。不为所顾者，至追逐马足不远数里。其携去者，父母皆不问，留数岁，有子，始具茶食、酒数车归宁，谓之"拜门"，因执子仆之礼。

跟广西土著差不多，这个部落的女孩子也是习惯于跟人未婚同居，待一年甚至几年以后，双方生了孩子，再让男方准备厚礼，陪同归宁。关于宋朝女生春节归宁之风，南宋笔记《江陵乡野录》是这么写的：

昔诸侯之女既嫁，父母存，则归宁，不然，则否。今乡俗皆以正月二日、四日、六日归宁父母，若父母已没，则于三、七日宁于兄弟。

早在春秋战国时期，诸侯之女就有归宁父母的传统，等到父母去世后，就永远不要再回娘家了。可是到了今天（宋朝），无论娘家父母是否健在，到了正月都要归宁。如果娘家父母还活着的话，可以在初二、初四、初六归宁；如果娘家父母已去世，最好改到初三和初七那两天去探望娘家兄弟。

由此可见，宋朝女生春节归宁未必是在正月初二。

正月初六送穷鬼

唐宪宗元和六年（811年）春节，大文学家韩愈写了一篇《送穷文》，大意如下：

正月晦日这天，我（韩愈）让奴仆送穷，吩咐他们用柳枝编马车，用稻草扎小船，并往车厢和船舱里准备干粮。一切准备停当，我向穷鬼作了三个揖，说："已经给您准备了一辆车、一艘船、一碗饭、一杯酒，您吃好喝好，赶紧上路吧。"

我刚说完这句话，忽然从外面刮来一阵狂风，刮得鸡飞狗跳、天昏地暗，空中似乎还隐隐传来鬼哭狼嚎的声音，使我浑身的汗毛直竖起来。这阵风过后，我眼前那只用泥土塑成的穷鬼忽然说话了："哥们儿，干吗赶我走呢？你难道不知道我陪伴你四十多年了吗？自从你来到这个世上那天起，我就一直跟着你。你走路时，我在你身边；你读书时，我在你身边；你下田种地，我在你身边；你进京求官，我在你身边；你们家的灶君赶我走，我在你身边；你们家的门神赶我走，我还在你身边。我陪了你这么久，跟你的感情比任何人都要深厚，任何人都拆散不了我们，任何神都别想让我离开。我是你最忠实的奴仆，是你最亲密的伙伴，你怎么能舍得赶我走呢？"

我听穷鬼讲完这一大堆甜言蜜语，并没有中计。我指着穷鬼的鼻子，声色俱厉地喝道："别以为我傻，我早就识破你们这些穷鬼的真面目了！你们有的是智穷鬼，让人忠厚老实；有的是学穷鬼，让人清高自负；有的是文穷鬼，让人写不出歌功颂德的马屁文章；有的是命穷鬼，让人吃亏在前，享乐在后，好事轮不到，坏事自己扛；有的是交穷鬼，让人处处碰壁，饱受奸诈小人的欺侮与陷害。总而言之，你们这些穷鬼没一个好的，你们无论跟着谁，谁都会倒一辈子霉，永远受穷受气，一辈子过不上好日子。"

面对我的斥骂，穷鬼非但不生气，还鼓掌大笑，笑得前仰后合，一副很开心很自豪的样子。然后他又以大人教训小孩的口气跟我说："小韩啊小韩，我本来以为你很聪明，哪知道你竟这么笨！你刚才讲的那些都没错，我们穷鬼确实能让人忠厚老实、性情耿直、难以飞黄腾达、只能到处碰壁，可是你不觉得这样挺可贵吗？我们跟你一生，你一生都是君子；我们不跟你，你很快变成小人。你说到底是富贵的小人更可贵呢，还是清贫的君子更可贵？"

我思索了好一阵子，最后只能垂头丧气地向穷鬼道歉："我错了，再也不赶你走了。"于是穷鬼又得意地附到了我身上。

很明显，韩愈这篇文章的重心并不是送穷，而是讽刺社会的不公：在善恶颠倒的专制社会里，一个人要想有钱，那就要丢掉良知，去当混蛋；而要想保持良心呢，那就只能安安生生做一个穷光蛋了。

不过我们也可以从他的文章里看出一些社会习俗来：第一，唐朝流行在春节期间送穷；第二，送穷的日期是正月晦日；第三，送穷需要道具，其主要道具是柳枝编成的马车和稻草扎成的小船，用于穷鬼乘坐。

正月晦日送穷的习俗在唐人诗句里也有反映。如姚合《晦日送穷》："年年到此日，沥酒拜街中。万户千门看，无人不送穷。"到了正月晦日那天，家家户户都送穷。再如李郢《正月晦日书事》："诗书奴婢晨占鹏，盐米妻儿夜送穷。"送穷的具体时间是正月晦日那天夜里。

何谓"正月晦日"？正月的最后一天是也。旧历月份有大有小，大月三十天，小月二十九天，所以唐朝人一般是在正月三十或者正月二十九送穷。

晚唐画家陈惟岳绘有《送穷图》，原图已经找不着了，宋朝文人董逌在其《广川画跋》中描述过这幅图："其画穷女，形露猥崣，作伶仃态，束刍人立，曳薪船行。"图上画的穷鬼是女性装扮，身形极瘦，皮包骨头，穿得破破烂烂，腰间束一根草绳，身后拖着一艘运送干柴的小木船。这说明至少在晚唐时期，人们心目中的穷鬼就是长这个样子。

已故国学大家章太炎先生的老师俞曲园早年编订《茶香室三抄》，收录了宋朝无名氏《临江仙》一阕：

正月月夕尽，芭蕉船一只。灯盏两只明辉辉，内里更有筵席。奉劝郎君小娘子，饱吃莫形迹。每年只有今日日，愿我做来称意。奉劝郎君小娘子，空去送穷鬼，空去送穷鬼。

这是一阕描写宋朝送穷情形的词，词意简单明了：在正月最后一天的夜里，人们用芭蕉叶做小船，船上燃灯，灯下设宴，将穷鬼放在船上，送其远去。

"郎君小娘子"是对穷鬼的称呼，说明穷鬼在宋朝人心目中的形象可能不再是单身女子，而是一对年纪很轻的少年夫妇了。

但是正如本章开头所说，三里不同俗，十里不同风，两宋延续三百年，疆域跨越几千里，习俗不可能完全一样。据金盈之《新编醉翁谈录》，北宋开封流行在正月初六那天送穷：

初六日……探聚粪壤，人未行时，以煎饼七枚覆其上，弃之通衢以送穷。

初六凌晨，大多数人还没出门的时候，从院子里的垃圾堆上铲起一铲子粪秽之物，用七张小煎饼盖在上面，铲到大街上，往地上一倒，扭头回家，送穷的仪式就结束了。

看来北宋开封人将送穷仪式简化到了极致，一不用编马车，二不用扎小船，三不用为穷鬼塑像，四不用为穷鬼备办宴席，一铲粪土就是穷鬼的化身，七张煎饼就是穷鬼的祭礼。

祭礼简化是好事，省钱省时又省力，但是将家里的粪土铲到街上去，却破坏公共卫生，有悖公序良俗，绝对不值得提倡。

另外，如此送穷也涉嫌浪费粮食。中国古人祭祀，无论是祭神还是祭祖，祭后都会"散福"，也就是将供品分掉，大家分而食之，并不浪费。可是像北宋开封这样，七张煎饼覆盖于粪土之上，再丢弃于大街正中，肯定无法散福，即使是沿街讨食的乞丐见了它们，也不太可能回收利用的——毕竟太脏了嘛！

人日的来历

《新编醉翁谈录》又载：

人日，正月初七日也。造面茧，以肉或素馅，其实厚皮
馒头酸馅也。

到了"人日"那天，宋朝人以面茧为主食。面茧有包肉
馅的，也有包素馅的，其实就是厚皮包子，有时候又被人们
叫做"酸馅"。

据南宋洪迈《容斋随笔》，至少在汉朝时期，中国人就
把正月里的前七天依次定为鸡日、狗日、猪日、羊日、牛日、
马日、人日，即：

正月初一为鸡日

正月初二为狗日

正月初三为猪日

正月初四为羊日

正月初五为牛日

正月初六为马日

正月初七为人日

乍一瞧，好像古代中国也有上帝造人说——上帝在第一天造鸡，第二天造狗，第三天造猪，第四天造羊，第五天造牛，第六天造马，第七天造人。其实不然，古代中国人之所以将正月头七天用七种动物来命名，完全是为了占卜。

占卜什么呢？占卜新的一年中家禽家畜与家人是否能够平平安安。用洪迈的话说："其日晴，则所主之物育，阴则灾。"如果那天的天气晴朗，则预示着所对应的动物会健康成长；如果那天是阴天，完了，预示着所对应的动物很可能活不过今年。

打个比方说，如果今年新正晴空万里，搞养殖的朋友一定要办养鸡场——正月初一是鸡日，鸡日晴朗，预示鸡会健康；如果今年初七阴云密布，想怀孕的夫妻一定要等下一年——正月初七是人日，人日阴霾，预示人丁不旺。

杜甫诗云："元日到人日，未有不阴时。冰雪莺难至，春寒花较迟。"从初一到初七，天天阴天，哎，各种动物都遭殃，这一年倒霉透了。

陆游诗云："今岁晴和历岁无，江城歌舞溢通衢。天心只向人心卜，不用殷勤问紫姑。"这首诗的题目是《今年开岁三日、上元三夕、立春、人日，皆大晴》，从正月初一到正月初三（开岁三日），从正月十四到正月十六（上元三夕），从立春到人日（正月初七），都是大晴天。因为都是大晴天，所以家禽家畜家人都会大吉大利。

家禽家畜是否吉利并不是最要紧的事，家人吉利才是绝大多数人共同的期望，所以呢，正月初七这个"人日"也就成了春节期间的一个重要节日。

陈元靓《岁时广记》记载："七日镂人户上。"宋朝人到了正月初七那天，会用小刀在窗户上雕刻一个人形图案。

吕原明《岁时杂记》记载："每月三七日，士庶拜谒醴泉观真君，正月七日人盛，仍争起第一炉香。"醴泉观是北宋开封的皇家道观，位于开封东水门内，香火很旺，每逢初三和初七，善男信女竞相进观参拜，尤以正月初七为盛，大家天不明就赶到道观大门口等着烧高香、抢烧第一炷香。

由此可见，宋朝人过正月初七，有三项活动是必不可少的：一是在窗户上雕画小人，二是去道观里烧高香，第三项活动则是本篇开头提过的——吃酸馅。

181

正月初七吃酸馅

酸馅是面茧的一种。

何谓"面茧"？两头尖尖，中间略鼓，底下平平，顶端有棱，是一种形态古怪的厚皮包子。

南宋田园诗人范成大描写过面茧的造型："两头纤纤探官茧，半白半黑鹤氅缘。膔膔膊膊上帖箭，磊磊落落封侯面。"官茧是机关小食堂加工的面茧，两头纤纤探官茧，说明面茧的确是两头尖尖、中间略鼓的长包子。为何管这种包子叫面茧呢？因为它的样子像蚕茧。

今日河南农村仍然有那种好似蚕茧一样的长包子，做法极其简单：将半发酵的面团掐成小团，一一拍扁，擀成圆圆的、跟手掌差不多大的面皮，托在手中，放上馅儿，将两条弧边对折、合拢、捏紧，再让面皮继续发酵，待包子发得圆鼓鼓的，上笼蒸熟。坦白说，整个过程极像包饺子，只不过饺子用死面，不用发面，一般煮熟，不是蒸熟，而且皮儿也没这么厚，更没这么大罢了。

在今日河南，老百姓管这种包子叫"角子"，因为它两头尖尖，有两个角，故此得名。事实上宋朝人有时候也管它叫角子，南宋夜市上有一种"水精角儿"，就是用烫面做皮的半透明状的长包子，因为它半透明，能看见里面的馅料，好像水晶，所以叫水精角儿。一部分研究宋朝饮食的朋友不明真相，望音生义，误以为水精角儿就是水晶饺子，进而下结论说宋朝人就管饺子叫角子，实在是大错特错。宋朝当然有饺子，可宋朝人只称其为"馄饨"。宋朝当然也有馄饨，可宋朝人却称其为"馉饳"。两宋三百年，"饺子"一词从未诞生。

简言之，角子即是面茧，而面茧却不完全等于酸馅儿。酸馅儿的外形虽然可以断定是两头尖尖的长包子，但未必所有的长包子都是酸馅，只有包了酸馅，它才得以成为酸馅。

照咱们现代人的常识，包子馅儿可荤可素，可咸可甜，唯独不应该酸，如果馅儿都酸了，那说明包子坏了，没有人会吃。可是我们不能用今人之心度古人之腹，我们不爱吃酸馅，不代表宋朝人不爱吃。

宋朝有一种饮料叫"浆水"，其实是发酵过后的米汤，再加点儿糖，回锅热一热。米汤稍作发酵，味道是酸的，酸中带些甜，并且略有酒味，加糖回锅，口感甚佳。现代中国当然不流行这种饮料，可是在韩国却很流行，不知道是不是继承了宋朝的遗风。

宋朝有一种米饭叫"水饭"，它跟今日东北农村的过水米饭完全不同，是用熟米和半发酵米汤配制而成的稀粥，味道同样是酸的，酸中略微带些甜。

同样的，宋朝人加工包子馅儿，一样可以将馅料发酵一下，使其形成独特的酸味儿，然后再包成那种两头尖尖的长包子，这才是真正的酸馅。

为了验证发酵后的馅料能不能食用，我曾经用泡发的腐竹、摘蒂的木耳、洗净切丝的小白菜做了一盆包子馅儿，撒上作料，腌半小时，再用保鲜膜密封，常温下搁置一天一夜，第二天打开，酸气扑鼻，然后用这种酸馅包了一锅长包子。您猜怎么着？蒸出的包子鼓鼓的，口感更加松软，馅料更加爽口，连吃了四顿，也没有拉肚子。

金盈之《新编醉翁谈录》写得明白，酸馅的馅料或荤或素，我为啥只用蔬菜做实验，而没用肉馅呢？主要是因为肉比较贵，实验成本比较高，万一发酵失败，我会挨老婆的骂；

其次，在宋人诗话中，酸馅这种食品通常都是寺庙的常餐，以至于苏东坡在讽刺和尚诗歌的时候，会说"有酸馅气"。和尚大多食素，所以酸馅儿必然也是以素馅为主的。

金盈之又写道：

（人日造酸馅时）馅中置纸签，或削作木，书官品，人自探取，以卜异时官之高下。

正月初七包酸馅的时候，宋朝人会在某些包子里包入纸条或者小木牌，纸条和木牌上写有官衔。酸馅蒸熟了，分给小孩子吃，小孩子一口咬下去，把牙硌了，掰开一瞧，是一根小木牌，上面刻着四个字："户部尚书"。爸爸妈妈大喜："好小子，有福气，长大了能当财政部长！"

当然，不是所有的酸馅都包有刻了官衔的小木牌，大多数其实是不包的，每吃十个酸馅，能吃到一个包有木牌的就不错了。鉴于其中的运气成分很高，所以正月初七吃酸馅又叫"探酸馅"，别名"探茧"。

早在十年前，北方人过年包饺子，常常包进去一些硬币，如果哪个小孩能吃到包了硬币的饺子，就会开心得跳起来："妈妈妈妈，我吃到钱了，我将来会很有钱！"其场景及寓意跟宋人在正月初七探茧是非常相近的。

但是从安全角度考虑，今人往饺子里包硬币远不如宋人往酸馅里包木牌。您想啊，硬币很小，万一小孩子吃得急，一口吞下肚去，那可就惨了；而酸馅是长的，木牌也是长的，甭说小孩，大人也不可能一口吞下肚，大家探茧的时候最多硌了牙，不妨事的。

扩展阅读：宋朝新年的奇葩风俗

南宋谢采伯《密斋笔记》卷五：

嘉熙三年己亥，吴兴人云："来春米价必踊。年时竹篓捕虾，率以所得占米价，去冬一篓二十余，故米斛二十千，今岁四十余，春初一斛必四十千。"

宋理宗嘉熙三年（1239年），苏州吴兴某百姓说："来年春天米价一定上涨。为啥这样说呢？因为俺们这儿一直用捕虾的战果来预测米价，预测得特别准。去年春节我一竹篓捞出二十只虾，结果米价涨到二十贯一斗；今年春节我一竹篓捞出四十只虾，所以米价一定会涨到四十贯一斗。"

南宋陈元靓《岁时广记》卷五：

小儿生太短者，元日五鼓就厕傍偃卧，从足倒曳跬步许。太长者，以木杴拍其头。

小孩子个子矮，不用补锌和补钙。正月初一凌晨，让孩子躺在厕所旁边的地上，然后由家长抓住他（她）的两只脚，倒退着往前拖，拖半步远就行了，来年孩子的个头就会嗖嗖地往上蹿。

186

如果小孩子长太高呢？同样有秘诀：用木锨打他的头。

同书又载：

元日五更初，猛呼他人，他人应之，即告之曰："卖与尔懵懂！"卖口吃亦然。

正月初一，黎明未到，猛喊他人的名字，如果对方答应，马上告诉他："我把懵懂卖给你了！"这样做可以把自己的低智商转嫁给别人，让自己聪明起来。据说用同样的方式还可以治疗口吃。

同书还记载：

正月一日，于牛屋下验牛，俱卧，则五谷难生苗。半卧半起，岁中平。牛若俱立，则五谷大熟。

正月初一晚上，去牛棚里看牛，如果所有的牛都卧在地上，说明今年的年成会很坏；如果只有一半的牛卧在地上，说明今年的年成差不多；如果所有的牛都站着，嘿，那咱就提前庆祝吧——今年一定大丰收！

第十章

闹元宵

正月十五元宵节，又叫"上元节"，简称"上元"。北宋曹允正诗曰："上元三夕过，年节随灯尽。"元宵节过完了，传统意义上的春节也就结束了。故此我们这本《宋朝年俗》以冬至开篇，以元宵收尾。

元宵节的主题是灯，如果没有五彩缤纷的灯展，元宵节绝对会变得无趣至极。好在宋朝元宵有灯展，不但有，而且非常盛大，非常热闹，非常好玩。

元宵节的主食是汤圆，甜软香糯的汤圆让这个节日变得甜甜蜜蜜、团团圆圆。宋朝人过元宵一样要吃汤圆，除了汤圆，他们还吃别的，例如焦馉、瓠羹、蚕丝饭、蝌蚪羹、盐豉汤，都是元宵节的节令美食。

宋朝人爱玩，爱热闹，爱娱乐，爱生活。在两宋都城，在每年的正月十五前后，皇宫以南的御街两旁均有官方安排的各种盛大演出，包括杂技、魔术、驯兽、评书、说唱、乐曲……教坊艺人与民间艺人同台，文武百官与庶民百姓共赏，而且还都是免费观看的。

现在让我们回到大宋，跟宋朝人一起闹元宵。

从张灯三天到张灯五天

北宋初年，元宵灯展只有三天，即正月十四、正月十五和正月十六。在这三天的晚上，全国各大城市"金吾不禁"，城门大开，彻夜不闭，街上也没有宵禁，农民可以自由进城，市民可以彻夜不归，大家开开心心观看灯展。可是到了正月十七日的凌晨，官府会强令收灯，城门会定时启闭，官府委派的巡逻队会在夜晚九点以后盘问甚至索拿仍在外面逗留的行人。简单一句话：过了正月十六，灯展就结束了。

宋太宗太平兴国三年（978 年），割据江南的吴越国王钱弘俶归降大宋，将江浙版图与家国财富双手奉献给宋太宗，太宗大喜，遂把第二年的元宵灯展延长了两天，即正月十四开始、正月十八结束，自此"上元三夕"变成了"上元五夕"。

不过连续五天灯展的政策并没有普及全国，只有首都可以那样做，别的州府仍然只能搞三天灯展。大约二十年后，大臣张咏执政四川，平定叛乱，发展经济，把四川搞得非常富庶。四川士绅都说：咱们这儿有钱，老百姓日子不比京城差，京城闹元宵开放五天，咱们这儿只搞三天，太少了。张咏顺应民意，将元宵灯展的开始时间提前了一天，从正月十三开始，仍在正月十六结束，允许四川百姓连耍四夜。

南宋初年，宋金交战，宋高宗只顾着逃命，顾不上灯展，直到宋金议和之后的第三年（1143年），才宣布恢复元宵灯展，不过他规定的灯展时间只有三天。为什么不像北宋京城那样连搞五天呢？主要是因为江南城市涌入了大批北方难民，住宅既稠密又简陋，极容易失火，为了降低火灾的发生率，必须缩短灯展的期限。

到了南宋中叶，战事不兴，政局安定，杭州、绍兴、苏州、南京等江南城市的街市布局和消防措施已经基本成熟，于是从京城杭州开始，三天灯展又延长到了五天。南宋陈元靓《岁时广记》云："杭益先为五夜观灯，尔后诸郡但公帑民力可办者，多至五夜。"杭州率先将灯展延长到五天，其他城市也纷纷效仿，只要有钱，只要办得起，就一直这样办下去。

把花灯戴在头上

三天灯展也好，五天灯展也罢，只要我们在灯展期间来到宋朝，就会惊讶地发现一项奇观：好多宋朝人竟然把花灯放到头上，人在街头漫步，灯在头上闪烁。

金盈之《新编醉翁谈录》载：

妇人又为灯球灯笼，大如枣栗，加珠翠之饰，合城妇女竞戴之。

宋朝的巧手工匠把灯笼打造得像枣子和栗子一般大小，再用珍珠和翡翠做装饰，晶莹剔透，光彩夺目，往头发上一插，成了最耀眼的饰品。到了元宵灯展的时候，满城妇女都戴着这样的灯饰上街。

193

吕原明《岁时杂记》也有类似记载：

京师上元节以熟枣捣炭丸为弹，傅之铁枝而点火，谓之"火杨梅"，亦以插从卒头上。又作莲花牡丹灯碗，从卒顶之。

女士们头上戴灯，男人也一样。在北宋京城开封的元宵节期间，达官显贵和富商大贾出门，身后会跟着一群兵丁或男仆，这些跟班既要负责主人的安全，又要帮主人抖威风。用什么样的方式抖威风呢？就是把花灯放到头上去。他们头上的花灯分两种，一种是莲花状或者牡丹状的灯碗，一种是用铁枝串起来的"火杨梅"。火杨梅是将干枣磨粉、捣炭为屑，将枣粉、炭屑拌在一起，浇上油蜡，团成圆球，一一串到铁树上，点着了，放在头顶，跟着主人上街。

头上戴灯或许很好玩，但绝对不安全。宋朝男子多不剃发，跟女子一样挽着高高的发髻，发髻上再固定着一盏莲花牡丹灯碗或者一树哧哧冒火的"火杨梅"，只能小心翼翼亦步亦趋地走路。假如步子迈大了，咔，扯着蛋是小事，颠翻了头上的花灯是大事，只要有一点明火落到头发上，救火肯定来不及，满头烦恼丝就清净了，只好出家当和尚去。所以我们这些现代人到了宋朝只宜观看，千万不要模仿。

棘盆灯

脑袋上是没有多大地方的，即使男女老幼人人戴灯，也戴不了多少，所以说宋朝最盛大的灯展肯定不在头上。

据《东京梦华录》以及《新编醉翁谈录》这两部文献记载，在北宋开封，从州桥沿着御街一直向北，直到皇宫的南门宣德门外，那里才是灯展最集中的地方。

早在冬至刚刚到来的时候，开封府的官员就开始为元宵节的灯展做准备了。他们派人在宣德门外搭建舞台（以便让皇帝和臣民共同观看各路艺人的精彩表演），在御街两旁安放栏杆，在全城主要街道的十字路口划定场地（供灯展和表演之用），并出资协助全国各地的民间艺人进京排练（时称

"行放"，意即彩排），让他们在灯展期间大显身手。

当然，开封府更要出钱采购花灯，包括灯球、灯槊、绢灯、镜灯、字灯、水灯、龙灯、凤灯、走马灯……还有很多巨型花灯无法搬运，只能就地扎造，故此开封府还要雇请高手匠人进京扎造这些巨型花灯。

开封府有钱，但仅靠官府出钱是不行的。为了装点京师，同时也为了装点自家的门面，开封城里的高官和富商同样在为元宵灯展出资出力，在自家门口雇人扎造各种造型奇特的花灯。

如此这般准备两个月左右，元宵节终于来临了，开封成了灯的世界：女士们头上戴着灯，男仆们头上戴着灯，小孩子手里挑着灯，大家走上街头，去十字路口赏灯，去皇宫南门看灯。

在皇宫南门宣德门外有一条东西大街，俗称"潘楼街"，大街南侧有一条一眼望不到边的隔离带，隔离带中安放着全国最大的"棘盆灯"。

《东京梦华录》载：

自灯山至宣德门楼横大街，约百余丈，用棘刺围绕，谓之"棘盆"。内设两长竿，高数十丈，以缯彩结束，纸糊百戏人物，悬于竿上，风动宛若飞仙。内设乐棚，差衙前乐人作乐杂戏。

这条隔离带长达一百多丈，用带刺的树枝编成防护栏，防护栏内竖起两根几十丈高的巨竿，用彩色丝绸捆扎装饰，竿上悬挂着纸糊的神仙、佛像、戏曲人物，风一吹，神佛皆动，就跟活的一样。这两根巨竿中间是戏台，开封府派艺人在此表演。

《新编醉翁谈录》载：

诸灯之最繁者，"棘盆灯"为上。是灯于上前为大乐坊，以棘为垣，所以节观者，谓之"棘盆"。山棚上，棘盆中，皆以木为仙佛、人物、车马之像，尽集名娼立山棚上。开封府奏衙前乐，选诸绝艺者在棘盆中，飞丸、走索、缘竿、掷剑之类。

棘盆灯是最庞大最复杂的花灯。确切说，该灯不是一盏，而是由无数盏灯组成的长龙，是让皇帝和臣民共同观赏的花灯与表演的集大成。

从宣德门到州桥是一段南北大街，俗称"御街"。御街两旁也各有一条一眼望不到边的隔离带，隔离带中架设灯山，高七丈，灯山上有走马灯、皮影灯、神仙灯、龙凤灯。灯山两旁又各有一尊菩萨灯，即文殊菩萨与普贤菩萨的塑像。文殊骑狮子，普贤骑白象，两位菩萨身高数丈，眼放金光。金光即是灯光，匠人将菩萨的头部镂空，中置巨灯，灯光从眼孔里射出来。另外这两位菩萨都竖起一只手掌，这只手掌的五根手指比一般人的大腿还要粗，从手指的指尖里分别喷出一股清水，好像五股瀑布一般倾泻而下。

菩萨的手指怎么会喷水呢？刚才说了，文殊、普贤两位菩萨的中间是一座灯山，灯山的山顶有一个庞大的水柜，这个水柜通过隐藏的竹管与菩萨的胳膊连接起来。灯山后面还有一口水井，井口架着辘轳，开封府派几名兵丁在那儿绞动辘轳，打出井水，不停地运到灯山上面的水柜里，最后从菩萨的指尖里喷射出来。

灯展期间的安保工作

正月十五那天晚上，皇帝带着太子、嫔妃和太监宫女登上宣德楼，亲自观赏潘楼街的棘盆灯和御街的菩萨灯。

在宣德楼的下面，在潘楼街的北侧，在棘盆灯的对面，临街建有几十座看台，看台上坐着宰相、副相、枢密使、六部尚书以及他们的家眷。皇帝在宣德楼上观灯，这些大臣在楼下看台上观灯。

低级官员和黎民百姓没有看台，在街上挨挨挤挤地观赏，将潘楼街和御街挤得水泄不通。那些有先见之明的聪明人兼有钱人为了观灯方便，提前十几天就在临街的酒楼上订好了位置，一边看灯，一边与亲朋故交吃五喝六地饮酒。其他人

199

想订座位也来不及了，所以《新编醉翁谈录》云："都人欲为夜宴，而绝无可往处，人多故也。"灯展期间想找一家酒店吃饭都找不到位置，因为早被别人预订一空了。

因为有皇帝与民同乐，故此潘楼街和御街的灯展是全城最盛大的。可是皇帝容易犯困（上早朝必须早起，因而也必须早睡），到了三更（午夜）就回寝宫休息去了，所以潘楼街和御街的灯展也会早早地结束。如《东京梦华录》云：

至三鼓，楼上以小红纱灯球缘索而至半空，都人皆知车驾还内矣，须史闻楼外击鞭之声，则山楼上下，灯烛数十万盏，一时灭矣。

到了半夜十二点，从宣德楼上忽忽悠悠升起一盏小红纱灯，在底下观灯的市民瞧见了，知道皇帝他老人家要回寝宫了。过了一会儿，又听见一声响鞭，啪，这是暗号，说明皇帝已经离开，于是几十万盏花灯同时熄灭，灯展宣告结束。

大家不要失望，这里的灯展结束了，其他地方才刚刚开始。毫无睡意的百官和百姓转移战场，前往相国寺、大佛寺、保真宫、醴泉观、马行街、牛行街……因为这些地方也有灯展，而且会一直持续到天亮。

京城灯展如此热闹，小偷小摸实难避免。我们看宋话本，常能见到灯展期间丢失首饰、丢失钱包、丢失孩子、丢失家眷的故事。至于《水浒传》中东京灯展，梁山好汉进京游赏，导致李逵大闹东京、杀伤人命，虽为小说家言，也不是不可能发生。

为了赏灯人众的财产及生命安全，开封府的官员实在是想尽了办法。

首先是防火。宋时没有消防车和高压水枪，只能靠云梯、火叉、钩枪、水桶来灭火，故此在每一处灯棚旁边，均设云梯一架、巨桶一只、铺兵（消防警察）若干名，桶中满贮清水，以备灭火之用。

其次，为防儿童走失，开封府各大坊巷均在社区之内搭设"小影戏棚子"，让小孩子观看。当时没有动画片，影戏艺人借助灯光、手势、纸人和皮影在布景上投射出简单有趣的动画，确实能吸引小孩围观，使他们不至于到处乱跑，被坏人拐走。

再次，开封府颇为重视杀鸡儆猴的作用。据《东京梦华录》记载，潘楼街展出棘盆灯的时候，"开封尹弹压幕次，罗列罪人满前，时复决遣，以警愚民。"在人群里搜出窃人钱财的小偷和调戏妇女的流氓，当即拉到灯棚前示众，或打板子，或处徒刑，让那些蠢蠢欲动的坏蛋知道刑罚的厉害和做恶的后果，从而悬崖勒马，不敢再为非作歹。

元宵节的美食

《岁时广记》云:

京人以绿豆粉为蝌蚪羹。煮糯为丸,糖为臛,谓之"圆子"。盐豉、捻头,杂肉煮汤,谓之"盐豉汤",皆上元节食也。……上元日有"蚕丝饭",捣米为之,朱绿之,玄黄之,南人以为盘飧。……上元日食焦䭔,最盛且久。

由此可见,蝌蚪羹、圆子、盐豉汤、蚕丝饭、焦䭔,均为元宵节令食品。

"蝌蚪羹"是用绿豆粉做的,之所以名曰"蝌蚪",是因为它的形状很像蝌蚪。

宋朝人发明了无数种象形食品,蝌蚪羹应该算是做法最简单的一种。有多简单？听我道来。

绿豆用水泡透，在石磨里磨成稀糊，端到锅边，舀到甑（古代蒸饭的炊具，状如瓦盆，底部有很多小孔）里，用手一压，绿豆糊从甑底的窟窿眼儿掉下去，啪嗒啪嗒掉入水锅，先沉底，再上浮，两滚煮熟，笊篱捞出，冲凉，控水，拌上卤汁，拌上青菜，就可以吃了。甑底的窟窿眼儿是圆的，所以漏下去的那一小团一小团的面糊也是圆的。它们漏下去的时候势必受到一些阻力，藕断丝连，拖泥带水，所以每一小团面糊又都拖着一条小尾巴。圆脑袋，小尾巴，像不像小蝌蚪？当然像。所以宋朝人管这种食物叫蝌蚪羹。

"圆子"的做法在《岁时广记》中已有简介："煮糯为丸，糖为臛。"糯米粉团成小圆球，用糖做馅儿，滚水煮熟。很明显，宋朝的圆子就是今天的汤圆。

宋朝的汤圆并不总是用糖做馅儿。据《武林旧事》第二卷《元夕》一节记载，南宋杭州元宵餐桌上的美食既有"乳糖圆子"，又有"澄沙团子"，前者是糖馅儿汤圆，后者是豆沙馅儿的汤圆。当然，豆沙馅儿也是要放糖的。

"盐豉汤"的做法在《岁时广记》中也有提到："盐豉、捻头、杂肉煮汤，谓之盐豉汤。""盐豉"即咸豆豉，"捻头"指的是油炸短面条，俗称"炸手指"，又叫"麻花头"，"杂肉"则是掺杂肉类的意思。将咸豆豉、炸手指配上肉类一起炖煮，就成了盐豉汤。事实上，盐豉汤在古代中国源远流长，非常普及，它有很多种做法，换句话说，豆豉可以跟很多种食材相配做汤。以豆豉为主料来煮汤的烹调方式目前在中国大陆已经绝迹，倒是在东邻日本和韩国发扬光大——盐豉汤曾经传入日韩，后来分别发展成为味噌汤和大酱汤。

"蚕丝饭"实际上就是米粉，很细的米粉，状如今日之米线。不过这种米粉在加工之时用天然颜料染了色，有红有绿有黑有黄，下锅煮出来，盛到盘子里，五彩缤纷，很喜庆。

"焦𪂗"又名"油𪂗""糖𪂗"，其中"𪂗"这个字的发音与"堆"等同，糖𪂗即是糖堆。说起糖堆，天津人会兴奋起来，因为天津人一向管山楂做成的糖葫芦叫糖堆。

宋朝倒是有山楂，不过宋朝人还没有学会把山楂加工成糖葫芦，他们只用山楂切片做糕，或者用糖腌起来做蜜饯。

在宋朝，糖𪂗是用一半面粉、一半米粉，掺上砂糖，用手搓成的小圆球。它不同于汤圆，因为汤圆是空心的，包的有馅儿，而糖𪂗是实心的，糖和粉混在了一处。搓成小圆球以后，再放到油锅里炸熟。从油锅里出来，它是脆的，"脆"在宋朝白话中等同于"焦"，故此人们又管糖𪂗叫做焦𪂗。

宋朝小贩卖焦𪂗是很有意思的。据北宋吕原明《岁时杂记》：

> 凡卖𪂗必鸣鼓，谓之"𪂗鼓"。每以竹架子出青伞，缀

装梅红缕金小灯毬儿。竹架前后亦设灯笼，敲鼓应拍，团团转走，谓之"打旋"。罗列街巷处处有之。

小贩走街串巷叫卖焦䭔，一定是全副武装：背后背着竹架，腰间悬着皮鼓，竹架前面罩一把青伞，青伞下面挂几只灯笼。小贩一边走，一边击鼓，同时随着击鼓的节奏用另一只手转动伞柄，使青伞以及伞下的彩色小灯笼团团飞转，好像走马灯。

尾声：十八收灯后

元宵灯展是如此热闹，以至于凭空衍生出一项发财之道。据南宋周密《武林旧事》记载：

> 至夜阑，则有持小灯照路拾遗者，谓之"扫街"，遗钿堕珥，往往得之，亦东都遗风也。

每天深夜，人群散去，街上仍有三三两两的行人提着灯笼，弯着腰，低着头，像找钥匙似的仔仔细细在地面上来回搜寻。原来看灯的时候人太多，挤得太厉害，常常有人不小心遗落首饰，这时候出来捡拾，总能发现意外收获，不是捡到一串金项链，就是捡到一对玉手镯。

捡遍了首饰，尝遍了美食，看遍了花灯，正月十八来临了。前面说过，宋太宗之后的北宋京城与南宋中叶之后的南宋京城都是张灯五夜，从正月十四傍晚到正月十八深夜，刚好是五个晚上，期限已满，灯展结束，既漫长又热闹的春节终于划上了句号。

正月十九凌晨，北宋大臣晏殊作诗道："楼台寂寞收灯夜，里巷萧条扫雪天。"十八当晚收灯之后，人声鼎沸的都市突然安静下来，火树银花的街巷很快暗淡下来，烟花散尽，繁华不再，大雪悄无声息飘落在余温尚存的大地上，从激烈的喧闹到寂寞的萧条，巨大的落差让人感到一阵悲伤。

同样是在收灯之后，南宋状元张孝祥却另有一番心情，他的词中有这么两句："雪消墙角收灯后，野梅官柳春全透。"灯展已经结束，天街空无一人，可是在这难耐的寂寞之中仍能发现幸福——墙角的积雪正在融化，沟旁的柳树即将发芽，有一枝梅花越过墙头斜探出来，寒冬已尽，暖春已至，欢乐的时光不但没有结束，反而才刚刚开始……

附录一：宋朝年俗简表

节令	日期	习俗	饮食
冬至	旧历十一月份，新历12月21日至23日之间	●凌晨互送节礼，早上进庙烧香，白天穿新衣进街，亲朋之间互相贺冬。 ●冬至前夕为"冬除"，需祭祖，祭祖之后让小孩守岁，大人休息。	馄饨（即今日之饺子）
祭灶	腊月二十四	●白天备办糖果、鲜鱼、杨梅、糖瓜、糖豆粥以及纸人、纸马、纸元宝，傍晚祭祀灶君，送百神上天（或于次日晨）。夜间将油灯置于床下"照虚耗"。 ●自此日以后至除夕，百无禁忌，家人开始打扫房间，采买年货。	胶牙饧（即麦芽糖）、欢喜团（糯米丸）、糖豆粥
除日	腊月的最后一天	●当晚祭祖，放鞭炮（在没有粮地的地区，以爆竹替代鞭炮）。灶烧火，吃团圆饭，全家自幼至长依次盐代替爆竹）。 ●夜间燃起烛盆，小孩守岁，大人睡觉。 ●皇宫派出大队人马装扮神鬼，巡游全城。	馎饦（麦汤煮面条）、春盘（用蔬菜、肉类或点心制作的花式拼盘）、屠苏酒（用多种药材浸泡的药酒）
元日	正月初一	●早起贴门神，挑桃板，钉桃符，然后进庙烧香拜岁，按照年龄为孩子发放压岁钱。 ●地方官为皇帝拜贺，京官进宫参加大朝会，大末与邻国互派使节贺岁。 ●从初一至初三，朝廷开放赌禁。	与除日相同

（续表）

节令	日期	习俗	饮食
归宁	正月初二至初七	●如父母健在，已嫁妇女在初二、初四、初六等双日回娘家走亲戚；如父母已表，则在初三、初五、初七等单日回娘家。	无特定饮食
送穷	正月初六或正月底	●此日拜祭穷鬼，送其出门。●各地风俗不同；或编马车、扎小船，为穷鬼雕刻塑像，或将家中美物钅至街上，覆以煎饼。	无特定饮食
人日	正月初七	●在窗户上瞄画人形，并在酸馅中包入书有官品的木牌，以此占卜孩子前途。	酸馅（用半发酵馅料包成的厚皮长包子）
元宵	正月十五	●或从十三至十六张灯三日，或从十三至十八张灯五日。灯展期间，官民同乐，全城喜乐不禁，拟人观灯及观看艺人表演。●士女及孩分男女上流行以花灯行为头饰。	圆子（即汤圆）、灌馅（西粉与米粉掺糖为丸，油炸而成）、茧丝饭（染色米线）、料料麦（用绿豆粉做成的象形食品）、盐豉汤（豆豉与麻花头配肉煮汤）

附录二：主要参考书目

1. 陈元靓《岁时广记》，北京商务印书馆 1939 年版

2. 孟元老《东京梦华录》，中州古籍出版社 2010 年版

3. 吴自牧《梦粱录》，浙江人民出版社 1984 年版

4. 周密《武林旧事》，中华书局 2007 年版

5. 周密《齐东野语》，上海古籍出版社 2012 年版

6. 金盈之《新编醉翁谈录》，古典文学出版社 1958 年版

7. 洪迈《容斋随笔》，中华书局 2007 年版

8. 徐松《宋会要辑稿》，上海古籍出版社 2014 年版

9. 汤勤福、王志跃《宋史礼志辩证》，上海三联书店 2011 年版

10. 洪迈《夷坚志》，重庆出版社 1996 年版

11. 洪楩《清平山堂话本》，上海古籍出版社 1992 年版

12. 程毅中《宋元小说家话本集》，齐鲁书社 2000 年版

13. 陆游《渭南文集》，吉林出版集团 2005 年版

14. 陆游《剑南诗稿》，岳麓书社 1998 年版

15. 曾枣庄、舒大刚《三苏全书》，语文出版社 2001 年版

16. 孔凡礼《三苏年谱》，北京古籍出版社 2004 年版

17. 朱瑞熙等《宋辽西夏金社会生活史》，中国社会科学出版社 1998 年版

18. 程民生《宋代物价研究》，人民出版社 2008 年版

19. 王弘力《古代风俗百图》，辽宁美术出版社 2006 年版

20. 邱德宏、王灏《台湾年俗》，台湾财经出版事业股份有限公司 2006 年版